JN409324

시나브로 꽃은 피고

시나브로 꽃은 피고

박정희 수필집

수필과비평사

■ 작가의 말

시나브로 시간은 흘렀습니다.

시간은 그때그때 가르쳐주고 깨쳐 주었으나 눈치 없는 제 손에는 모래알을 움켜쥔 듯 흔적만 남았습니다. 자연은 굽이굽이 숨겨진 비법을 넌지시 안겨주며 깊숙이 지녀보라고 권유했습니다. 그나마 자연이 알려준 것들, 시간이 가르쳐준 것들, 일상에서 배운 것들, 느끼고 깨달은 것을 다시 새길 수 있어 얼마나 고마운지요.

글을 쓰는 동안 제 속이 들여다보입니다. 내 안에는 우물 속에 갇힌 벌레처럼 감정과 기억들이 떼지어 삽니다. 야물고 탄탄한 뭉치보다 뜬구름처럼 부실하고 퍼석한 덩어리가 더 뜁니다.

그저 잘해야 한다는 일념으로 달려온 시간에서 놓친 브물도 이제야 보입니다. 무엇이 중한지, 어떻게 해야 했는지 지금에서야 요량이 생깁니다. 제게 글 한 편을 다듬는 시간은 여름날 샘물 한 바가지처럼 다음 응어리를 풀고 새 기운을 불러냅니다.

그럼에도 글쓰기는 언제나 뒷전에 밀려 나앉아 있었습니다. 일상에 꺼들리는 날을 접은 지금은 그런 변명조차 할 수 없습니다. 이제 바짝 붙어 글줄을 잡고 글과 함께 늙어보려 합니다.

2022년 가을

박정희

■ 차례

제2부_시간이 가르쳐준 것들

제3부_일상에서 배운 것들

제4부_느끼고 깨달은 것들

제1부
자연이 알려준 것들

여름 소리꾼

앞산에서는 여름 잔치가 한창이다. 집에서 마주 보이는 자그마한 산에서 연일 소리 축제가 이어진다. 어느 음악회를 저리 오래 할 수 있으며 어느 소리꾼이 저토록 열정을 다해 베풀 수 있을까. 숲속 생명체들에게 바치는 노래가 축포처럼 쏟아진다. 사생결단한 듯 밤낮없이 울려 퍼지는 성가는 지엄하기까지 하다.

여름을 제외하면 숲속은 고요하다. 비워 내고 홀로 서는 시간은 물론이거니와 움트는 시간이나 초록이 짙어가는 때까지만 해도 뭇 생명의 터전이 실감 나지 않는다. 간간이 들리는 까마귀 소리조차 없었더라면 눈길 한번 주지 않을 만큼 잠잠하다. 숲이 먼저 싹을 틔우고 잎을 키우며 수풀을 만든 것은 어쩌면 그들 맞이를 위한 준비였을지도 모른다. 한바탕 잘 놀아보라고.

숲의 모양새가 갖춰지면, 기다렸다는 듯이 '꾼'들은 준비해온 '판'을 펼친다. 울울창창해진 구석구석에서 하나둘 나서서 자신을 드러내기 시작한다. "나 여기 있어."라며 한 녀석이 선창으로 포문을 열면, "나도, 나도…" 여기저기서 기다렸다는 듯이 합류하며 서로 신명을 돋운다. 드디어 숲의 향연이 시작되는 것이다. 어느 무리에도 대장이 있는 법이라 여기도 목소리를 키우거나 앞서서 끌고 가는 리더가 있고, 또 리더의 의도를 따르는 추종자들이 있어 숲 하모니를 맞춰 낸다.

눈치가 보여서도 아니고, 누가 시켜서 하는 일도 아닌 자발적 동참이기에 소리는 점점 어우러지고 키워진다. "나 여기 살아." 주변 생명체에 표식을 선보이기보다 살아있음의 우렁찬 기운을 전함으로써 함께 어울려 지금을 즐겨보자는 응원의 메시지다. 이웃에 찬사

와 감사하는 합창은 마침내 소리 덩어리가 되어 수풀을 깨우고 채운다.

사실 지고한 여정이 있었다. 견우직녀의 애태움조차 여름을 기다리는 매미들의 결기에 비길 바가 못 된다. 마치 자신에게 허락된 시간을 아는 듯, 잔치판을 벼르면서 해야 할 몫에 집중해 왔다. 나무껍질 속에서 엄동설한을 견뎌내는 인고의 시간은 필수이고, 태어나 유치원을 졸업할 만큼의 긴긴 시간 동안 땅속으로 내려와 어둠을 버텨내야 하고, 다시 나무로 올라와 자신의 틀을 깨고 나오는 거사를 치러야 한다.

겨우 날개를 단 이후의 여정도 만만치 않다. 소리를 얻은 매미는 일생 더 우람한 소리로, 더 청량한 소리를 내기 위해 뱃속 울림통을 넓히느라 고군분투한다. 득음을 위한 명창들의 폭포수 수련처럼. 애초에 매미의 한세상은 한판 잘 노는 것이 아니라 이웃에게 적선하는 일일지도 모를 일이다.

소명에 대한 열정에 경건해진다. 그 누구든 주어진 행로에 전력을 다하며 동참했기에 마침내 큰 하나가 된다. 맴-맴-맴-맴-매애애애앰~~~. 소리의 궤도를 따르는 이 한 시절만큼은 누가 뭐래도 매미가 이 숲의 주인이다. 한 덩이가 되어 살아있음을 즐기는 동안 세상 그 어느 것도 부럽지 않을 듯하다. 한참 듣다 보면 홀리는 듯 빨려든다.

여름이면 어느 산이나 매미가 운다. 아니 매미가 울어야 여름이다. 여름은 매미의 계절이다. 그러니 여름의 주인이 있다면 이도 매미 공동체이다. 한철 살다 갈 것을 감지한 그들은 남들이 뭐라 하든 자신의 역할에 충실할 뿐이다. 소리쟁이로 세상에 나왔으니 큰 나무에 살든 자그마한 관목에 살든, 사는 곳이 중요하지 않고 소리로 세상에 베풀라는 그 본분을 다하면 그만이다.

세상에 올 때 주어진 천성으로 잠시 머물다 사라지는 것이 사람이라 매미와 별반 다르지 않을 법하다. 매미처럼 여름 한철 소리 공양하는 것이 궁극적으로는 자신의 삶을 즐기는 과정이어야 한다. 우선 자신에게 보람 있는 일이 타인에게도 의미 있는 일이라면 삶이 길든 짧든 보람찰 것이고 떠나는 날에도 서운하지 않지 싶어서다.

누구든 각자에게 소임이 있다. 여기저기 기웃거리고 남들 흉내내거나 그 역할을 가타부타할 것이 아니라, 내 길의 주인이 되면 된다. 매미 떼처럼 주변 사람을 잠시라도 즐겁게 할 수 있다면…. 지금이라도 주어진 배역에 충직할 것을 매미들에게 고하며, 나에게 용기를 준 소리꾼들의 노래에 추임새를 보탠다.

매미 소리로 기세등등해진 여름 숲이 익어간다.

하루살이처럼

하루를 잘 산다는 것이 소중한 때이다. 코로나바이러스가 창궐하여 연일 확산하는 소식을 접하면서 여태껏 생각지 않았던 두려움이 인다. 요즘 같을 때는 별다른 일없이 보내는 시간에 새삼 감사해지고, 주변에서 무탈한 것이 나를 돕는 듯하다. 초유의 사태를 맞아 하루의 의미와 기대치가 달라졌다.

패턴이 달라지니 비로소 이전이 보인다. 휴대전화 다이어리에 하루도 빠끔한 날이 없이 모임이나 약속을 잡았고 주말조차 뭔가를 해야 한다는 강박으로 채웠던 일상이었다. 무슨 마법에 걸렸는지 허둥대며 꽉 채우려 했던 하루가 갑자기 헐렁해진 덕분에 뒤돌아보게 되었고 소소한 시간이 고마워졌다.

왜 그랬을까. 한참 거슬러 올라가다 보니 80년대 초부터 증상이 시작되었다. 새벽 첫차를 타야 하는 사람처럼 두리번거리며 틈새 시간조차 강박적으로 채우려고 쫓아다녔다. 컴퓨터가 세상에 등장했을 때, 듣도 보도 못한 기기이고 그 용어조차 생소한 메커니즘을 배워보려고 기웃거렸다. 신기한 프로그래밍 언어를 무조건 외우며 한 수 더 배우려 덤볐다. 영어가 세상을 휘저을 무렵에도 녹슨 머리를 청소해서라도 뒤처지지 않으려 닦달을 했다. 머릿속에 입력이 잘되지 않는 때가 되어서조차 마음이라도 채워보려고 용을 썼다. 사람들 사이에 있는 동안 늘 민감해하며 적절한 위치 정보를 챙기려 했다. 새로운 트랜드를 남 먼저 읽어야 직성이 풀렸고 그 변화에 편승해야 안심이 되었다.

일상이 미션 수행처럼 보였다. '하루살이처럼 살아서 되겠나.'를 모토로 삼으며 앞을 보고 살아야 하고 멀리 내다보는 안목을 채근

했다. 그러니 오늘 하고 싶어도 참는 것이나 눈앞의 어려움은 내일의 필요조건쯤으로 여겼다. 군중 속의 역할에 맞는 위상을 책정하여 그 모드에 맞추려고 내심 긴장하고 주변의 반응과 동정을 살피는데 에너지를 쏟았다. 오늘은 내일을 위한 준비 과정일 뿐이었다.

하루살이는 하루를 살아서 붙여진 이름이라고 한다. 명이 긴 녀석은 며칠을 살 수도 있으나 대개 우화해서 하루 정도 휘젓다가 스러지는 존재란다. 하루를 날기 위해 천일을 준비한다는 변신에 대한 욕망과 노력이 놀랍다. 오직 하루가 허락된 시간임을 태생적으로 인식했을까. 정작 내일을 걱정할 필요가 없어서 그랬는지, 삶을 시작하고 마무리하는 피날레를 장식하려는 뜻인지 여름날 저녁 무렵이면 한데 몰려 장관을 연출한다. 날이 밝기 전에 떠나야 할 사실을 안다면 생명력을 소진할 때까지 펼치는 군무는 일생일대를 건 잔치판이어야 한다.

'하루를 살아도 행복할 수 있다면 나는 그 길을 택하고 싶다.'라는 유행가 가사가 있다. 하루살이처럼 주어진 시간을 최대한 누리다가 사라져가는 것이 진정한 삶의 길이란다. 그러고 보니 나는 뭐 엄청난 일을 하고 싶어서 주어진 것에 만족하지 못한 채 주어지지 않은 것들을 찾아 헤매었는지 묻고 싶어진다.

내게 허락된 조건을 잘 활용하는 것만이 내 몫이다. 주어지지 않은 것을 찾느라 시간을 허비하는 것도, 주어진 것을 내팽개치고 사는 것도 어리석은 행동이라면 주어진 길에 순응하는 것이 최선이라는 말씀이겠다. 보잘것없는 벌레도 주어진 자기 앞의 생에 충실했다. 미물이지만 자기 방식이 있고, 그 길을 묵묵히 따라가는 삶이 새삼 경이롭게 보인다. 허둥댄 내 방식에 일침을 놓는 듯하다.

줄타기처럼 팽팽하던 시간도 어느 때부터인지 느슨해졌다. 신기하게도 모르는 게 생겨도 답답하지 않았다. 낯선 것조차 궁금하지 않아지는 때가 되었다. 마치 마라톤 선수가 중도에 하차하는 격이었지만 아쉽지 않았다. 큰 흐름에서 낙오되더라도 할 수 없고, 어쩌면 새길을 만날 수 있을 것이라 배짱 아닌 뱃심이 생겼다.

지금껏 하루살이처럼 살지 않으려 분주했다. 내일을 믿으며 미래를 위해 준비하는 오늘이 되게끔 시간을 배분했다. 언젠가 내 그릇을 옹골차게 채우고 회심의 미소를 지을 날이 오리라 확신했다. 그러나 그 신념에 때늦은 회의가 생긴다. 요즈음 들어 내일이 없다고 믿은 하루살이나 내일을 위해 오늘을 바친 나나 거기서 거기라는 생각이 잦아진다. 지금부터라도 남은 시간을 감지하고 내일이 없는 듯이 오늘 하루를 말끔히 소진하며 하루살이처럼 살고 싶다. 이게 철이 드는 것일까.

도토리 명상

도토리에게 전하고 싶어.

알기나 할까. 너희 한 알이 지금처럼 의젓해지도록 얼마나 많은 애태움이 있었는지 생각해 봤어? 자연은 날씨를 움직여 수시로 비 뿌리고 햇살 가득한 날을 사정사정했으니 네가 몸집을 키울 수 있었다는 사실을. 그 먼저 자연의 명령에 순응한 상수리잎들이 딱딱한 몸피를 비집고 싹을 틔우며 그 여정을 시작했을 거고, 부지런히 에너지를 모아 잎을 키우느라 북적댔던 시간도 사실은 너를 위한 준비과정이었네.

혹시 무심하거나 당연하게 생각하지는 않았겠지. 꽃을 달고 번창하며 잠시 득의양양해 보이는 시간조차 너의 생명력을 응원하는 시간이었다는 사실을. 나무에 달린 뭇 이파리들은 앞다투어 영양 공급을 하느라 얼마나 애를 썼을지. 모두가 생존과 종족 보존을 중시하기에, 네가 잘 자라도록 애지중지하며 돌보아 온 시간을. 그 덕분에 날아다 주는 영양분으로 몸집을 키웠겠지. 모두가 공동체의 생존에 합심했을 것이라 주변의 도움과 애씀은 마땅한 과정이라 여겼을지도 모르겠군.

도토리에게 묻고 싶어.

엄청나게 많은 나무의 종류 중에 예전부터 너희를 참나무라고 구설되어 오는 것은 그 속성이 '참되다'는 기대가 숨겨진 듯하거든. 솔직히 고백해 보렴. 맞아? 어떤 게 참된 거지? 나무가 참되면 어떻게 되는 거야? 내가 알기로는 도토리는 동글동글하거나 길쭉한 모양인데, 이름 지어진 굴참나무, 갈참나무, 졸참나무, 상수리는 비슷해 보이는데 갈래가 나뉘었고, 집안이 너르니 숲속의 권세가처럼 자신을 대단하게 생각했을는지 모르겠지만, 사실 나는 구분을 잘못하고 통틀어 굴밤나무라고 부르지. 알맹이가 조금 큰 거나 작은 것이 싹을 틔우는 데는 중요하지 않을 것 같은데 왜 도토리 키재기를 하는지.

참! 너희 종족에게 전할 말도 있네.

너희 조상들은 어찌 된 영문인지 싹만 틔우면 키 클 궁리만 했단다. 주변과 어울리며 도란도란 살아가는 이야기를 나누기보다 속으로 그들이 주고받는 소리를 쓸데없는 헛소리쯤으로 흘려들으며 키를 키우지 않는 습성을 좀 얕잡아보는 것처럼 키에 몰두하거든. 키가 크면 햇살을 많이 받을 것이고 영양이 넉넉하니 보기에 버젓해 보일뿐더러 튼튼하게 살 거라고 믿었겠지.

살아보면 키 큰 나무가 늘 대장은 아닌 듯하더라. 폭풍이 몰아치는 날에는 중치 키보다 받아내야 하는 부담이 더할 거라, 대개 너희 종족이 큰 변을 당해. 개중에는 가지가 꺾이다 못해 뿌리까지 송두리째 뽑혀 사생 길에 놓이곤 하니 말이다. 그 와중에도 성질이 급해, 여름 자락이 걷히기 바쁘게 남 먼저 잎들을 날리거든. 산색이 물들기 전에 이미 잎들은 땅바닥을 뒹굴고 바싹바싹한 소리를 내며 어디로 갈지 우왕좌왕하잖아. 서리가 내리면 남은 이파리마저 탈탈 털어내고 어서 나목이 되려고 서두르지. 성미 급한 너희를 잘 참는다고 참나무라 하지 않았을 듯하네. 어쩌면 어울리고 더불어 살아가는 세상에서 독야청청하는 종족일듯 싶거든.

도토리에게 기대할게.

아마 낙하하는 도토리는 새 생명을 잉태하려는 원대한 꿈을 꾸었을 거야. 뭇 생명의 양식이 되기도 하고 계절의 순환을 상징하듯이 앞장서느라 나름으로 생각이 많았겠지. 무수히 많은 도토리가 깍정이를 벗어나 떨어질 용기를 키웠을 것이라 새 삶을 살아보려는 희망을 품어야지. 나무에 붙어사는 동안 도토리깍정이 속에서 받았던 대접으로 달콤한 세상맛을 보았으니, 살아갈 새 세상도 그러기를 기대했을 수도 있겠네. 어쨌든 질 좋은 흙을 만나 발아할 수 있기를 간절하게 기도하면서 서슴없이 뛰어내려야 한다. 기도를 성취하면 얼마나 좋을까.

도토리에게 알려줄게.

너희들의 몸집을 키우려고 애쓴 이파리들의 노고는 알고 있겠지. 이파리들은 싹을 틔우면서부터 피할 수 없었던 온갖 풍상을 묵묵히 견뎌내며 하루하루 너희들의 자라는 모습을 대견해했단다. 그 먼저 차가운 땅속에서 필요한 자양분을 뽑아 올리느라 애쓴 뿌리의 노력이 있었겠지. 그 덕분에 운 좋게 야물었을 것이야.

걱정스러워 귀띔해 줄게. 아마도 제대로 흙을 만나 발아하기는 천재일우의 만남이 아닐까 싶네. 다행히 땅을 만나더라도 땅에 착지하여 싹을 틔우기보다는 땅바닥에 뒹굴다가 다시 자연으로 돌아가기 쉬울 거야. 바위를 만나거나 물속에 떨어진들 지난날의 영화로움을 되돌아보기만 할 뿐 어쩔 수 없지. 큰물을 만나는 것이 당장은 위협이 될 수 있을 것이나 바윗돌 위에 멈춘 도토리가 새길을 찾는 기회가 될지 그 누가 알겠는가. 작심하기도 전에 타 생명의 집이 되어 육보시로 마감해야 할 운명도 있단다. 동물의 먹이가 되면 그나마 존재의 보람이 있다고 하려나. 세상사 마음먹는 대로 되지 않을뿐더러 그렇다 해도 어쩔 수 없잖아.

도토리에게 이실직고할 게 있어.

그대들의 일생을 보다가 내 살아온 길이 보이네. 고백하건대 독불장군처럼 투덜거렸던 지난 시간이 부끄러울 뿐이야. 주변의 도움으로 흙을 만나서 발아하고 싹을 틔우며 살아갈 수 있었다는 고마움을 이제야 느끼는데 어쩌면 좋아. 살아오는 동안 피할 겨를이 없었던 비바람도 이웃의 도움으로 건널 수 있었다는 것도 지금은 알겠네. 숲의 일원으로 살아가는 것이나 사람 사회의 구성원이 되어 살아가는 것이 비슷할 것도 같아. 서로에게 용기를 주는 자리이타自利利他의 존재가 되어야 하지 않겠나. 있으나 마나 했던 시간은 이미 흘러갔고 지금이라도 내 온기를 전하고 싶네.

무명초

세상살이에 우리만큼 애착이 있다면 나와 보라지. 우리처럼 시시때때로 살아있는 순간을 확인해야 하는 생명이 또 있을까. 주변의 격려나 사랑은 고사하고 마음 놓고 삶을 누려본 적도 기억나지 않아. 어떻게든 살아내야겠다는 불안과 긴장의 끈을 놓을 수 없으니 항상 아등바등해. 종족의 운명이 각박할수록 힘을 더 내게 되는지, 흙 속에 흩어둔 소산들은 빛 볼 날을 호시탐탐하고 있지.

아무리 씨를 말리고 싶어도 어려울 것을 미리 말해 두겠네. 천대받으며 살아갈 운명을 감지한 조물주는 우리에게 그 누구도 끊을 수 없는 끈기를 심어뒀나 봐. 영양분은 고사하고 흙에서 가차 없이 뽑히더라도 당분간은 참아낼 수 있고, 비가 내리지 않더라도 누구보다 잘 견딜 수 있어. 빛 한 조각 들지 않는 암실에서조차 끝끝내 버텨내려고 하지. 사람 중심의 세상에서 모든 기준은 사람에게 유익해야 하니, 사시사철 괄시를 받아내야 하고 제거의 대상이 되어 살아가지만, 우리도 존재 이유는 있거든.

사람의 속성은 자신을 귀찮게 하지 않는 종족에겐 후한 경향이 있어. 작물을 심은 밭에 함께 자라는 우리는 보이는 족족 뽑혀야 하지만, 야산에 자리를 잡은 우리 일족은 천명을 누릴 수 있대. 그러니 누울 자리 보고 발 뻗으라는 속담이 생겼겠지. 흙이 있는 곳이면 어디든 생명을 묻는 근성으로 질기다는 지청구를 듣곤 하지. 아무리 말살하려 해도 원초적으로 주어진 힘이기에 시비를 가릴 수 없을 거야.

어디 세상살이가 마음먹은 대로 잘 되던가. 우린들 남에게 피해를 주고 싶을까마는, 어쩌다 보니 결과적으로 그렇게 되고 말았어.

밭에 앉은 우리는 아무 도움이 되지 못하는 주제에 성장 속도는 작물보다 앞장서곤 하지. 염치없이 밭 거름을 먼저 먹어버린 죄로 눈엣가시처럼 얄밉겠지만, 우린들 타고난 습성대로 살아야 하고 앉은 자리에서 버텨야 하니 어쩔 수 없지 않겠나. 그뿐이 아닐세. 사실은 우리에게도 각자 이름이 있었겠지만 불러주는 이가 별로 없다 보니 이름조차 퇴화하여 알지 못한 채 살다 가는 거야.

연약한 봄을 운 좋게 견뎌내면 씩씩해지는 여름이 오잖아. 싹이 튼실하게 자라면 겨울날의 고통과 기다림의 시간은 이미 잊는 법이야. 비와 바람이 가져다준 에너지로 얼마 되지 않아 제 형상을 제법 갖추게 돼. 세상 부러울 것 없는 것처럼 의기양양해지는 시기인지라 내 세상을 만난 듯해진다네. 힘이 넘쳐나는 때이지. 이런 시간이 지속하면 좋으련만 항상 좋은 일만 있을 순 없잖아. 가끔 퍼붓는 풍상을 온몸으로 받아내야 하니까. 이겨내고 버티려고 안간힘을 쓴 적도 무수했고 더러 상처를 입긴 해도 그 정도에 기가 꺾이지 않아. 우리보다 강단이 더 있는 종족을 아직 못 봐서 하룻강아지처럼 우쭐거리고 사는 때이지.

사실 가을철은 좀 바빠. 가을 기운이 감돌기 시작하면 지금까지의 시퍼렇던 정기를 살살 빼내면서 뻗어나간 생명줄의 기름기를 도로 거두어들이고, 하나둘 겉잎을 따돌리며 돌아갈 날을 준비해야 하거든. 이런 시절을 만나지 못했다면 하늘 높은 줄 모르고 치받고 살았을 거야. 본래 자리를 생각하며 돌아가야 하는 이치를 넌지시 가르쳐주는 날씨 덕분에 우리는 성숙할 수 있었을 거야. 여름 날씨처럼 고공행진을 하는 날이 이어졌다면 우리 또한 왕성한 기운을 뽐내고 거만하게 사느라 주변을 둘러볼 새도 없었을 건데…. 주체할 수 없을 만큼 활력이 넘치는 데 뭐가 보이겠어. 기고만장하게, 사는 것이 무엇인지도 모르다가 하필이면 물 위에 떨어지는 도토리처럼 세상을 만나는 순간이 세상의 끝이 되기도 할 거야.

잠깐만. 우리를 철들게 하는 계절이 또 있었네. 땅속에서 때를 기다리라고 준엄하게 명령받았던 기억을 지울 수 없었는데, 푸른 시절을 사는 동안 깜빡했네. 생명을 틔울 수 있을 때까지 꽁꽁 언 흙에 설상가상으로 뒤덮는 눈이 녹을 때까지 침묵의 시간을 가져야 하거든. 이 시간이 있었기에 싹을 틔우는 환희를 맛보게 되지. 세상에 그저 얻어지는 것은 하나도 없어.

또 소개할 게 있었군. 우리 친구인데 사람들은 바람이라고 불러. 그 존재가 없다면 우리 세상이 어땠을지 생각만 해도 끔찍하네. 살랑거리는 바람 덕분에 잠깐이나마 기분이 좋아지고, 쌩하게 후려치는 바람으로 내 중심을 생각하게 되고, 코끝에 이는 미풍으로 내 숨을 느낄 수 있으니 얼마나 고마운 존재인가. 햇살 좋은 날엔 바람 덕분에 서로 일렁거리며 춤추곤 하지. 마침 가벼워진 몸을 비비기도 하고 이리저리 누우며 기대는 법도 알게 되거든.

매사에 때가 있는 법이지. 생명체라면 시작과 끝이 명확하지 않나. 허락된 시간 동안 존재하면 그만이지 욕심부린다고 욕심대로 되는 것이 아님을 잘 알잖아. 그러니 생명체는 그 자체가 의미 있지, 더 고귀하고 비천한 것의 분류가 필요할까. 우리가 살아가는 것도 지수화풍 덕분이라고 하니 흙 한 줌, 물 한 방울, 바람 한 자락 귀하지 않은 것이 어디 있을까. 당연히 우리 역시 생명을 다하는 날에는 그쪽으로 돌아가 또 다른 무명초가 생명을 얻는데 에너지를 보태야 할 테지. 비록 변변한 이름 없이 살다 가더라도.

민들레의 함성

오늘도 그 여자가 나타났다. 날마다 이맘때면 우리 곁을 지나간다. 실은 몇 년째 만났지만 서로 데면데면한 사이였다. 흘낏 눈길만 줄 뿐 언제나 바삐 지나치던 그 여자가 어제부터 달라졌다. 느릿느릿 힘없이 걷는 걸음걸이도 평소답지 않았고 갑자기 멈춰 서서 우리 중의 누군가를 한참 응시한 일도 수상했다. 더구나 오늘은 고개를 빼고 주변을 살피며 중얼거린다.

사실 우리는 올해나 작년이나 별반 달라지지 않았다. 따끈해진 볕살이 우리의 기운을 한껏 뽑아 올리면 우리는 우리의 영토에서 노랑 점을 마치 궐기대회 하듯 펼쳐나간다. 앞장서는 친구들이 띄엄띄엄 좌석제처럼 여기저기에서 뭇사람들의 시선을 먼저 끌어당기려 했겠지. 서로 뒤질세라 용을 쓰며 각자의 존재감을 강조했을 거야.

우리는 조동화 시인의 '나 하나 꽃피어'라는 시를 아주 신봉하거든. 노란색이 화르르 쏟아지는 날에는 웬만한 구름쯤은 걷어 낼 수 있다고 믿으니 말일세. 잘 알다시피 거의 땅에 붙어사는 우리네 천성으로 주변의 관심 받기가 좀 어렵잖아. 그러니 찔끔찔끔 솟아오르지 않고 한꺼번에 피어나 '네가 꽃피고 나도 꽃피면 결국 풀밭이 온통 꽃밭이 되는 그것 아니겠느냐.'를 실천하는 셈이지. 아마도 그 시인이 우리를 보고 시상詩想을 떠올렸지 싶네.

우리는 잠시 서로 눈치를 주고받았다. 행동이 느려진 것은 고사하고 목소리마저 힘 빠진 이 여자에게 생기를 좀 불어넣어 보자고 곁눈질을 했고, 마음이 전해지자 한낮의 햇살에 주눅이 들어있던 친구들까지 합세했다. 어쭙잖은 존재지만 힘을 모아 좀 더 밝은 노랑, 좀 더 씩씩한 힘을 뿜어내기 시작했지.

아마 그녀가 눈을 준 것은 우리 중 성미 급한 친구가 먼저 대궁이를 치켜세워 떠나갈 준비를 하는 것과 관련이 있을 듯싶네. 어디서 왔는지도 모른 채 떠나갈 준비를 하는 모습이 측은해 보였을까. "내년에는 너희들을 못 만날지도 몰라." 하며 구시렁거리는 소리를 누군가가 들었다니까. 우리는 조상 대대로 훤칠하게 키를 키우는 데는 관심이 없었던 모양이야. 거의 땅바닥에 붙다시피 천성대로 살다가 때가 되면 다시 새 보금자리를 찾아 떠나면 그만이야. 보금자리라 해야 스스로 선택하는 것은 아니고 바람이 실어다 주는 곳이지. 그 옛날 그녀의 할머니들이 신랑 될 사람 선도 못 보고 부모가 정해준 배필과 살아가듯이. 흔히 인연이라고 하잖아.

흙이 있는 곳이면 어디나 우리의 홀씨를 묻는다. 사실 주변에서는 환경을 가타부타하지 않고 삶을 꾸리는 강단을 이웃들이 부러워하기도 해. 볕 바른 잔디밭은 호사스럽고 나무 밑 응달도 마다하지 않고 보도블록 틈새라도 사양하지 않아. 흙을 만나면 다부지게 파고들어 존재를 키우라는 유전자 덕분인지도 몰라. 노란 색감보다 끈기가 더 있는 셈이지.

타향도 정들면 고향이라 했잖아. 어디든 처음 낯설지, 점차 익숙해지면 편안해지게 마련이니까. 우리처럼 색깔로 주변을 환하게 밝히는 종족도 있고 까치처럼 귀에 익은 소리로 주변을 편안하게 할 수도 있을 것이고…. 누구나 그러하듯이 아웅다웅 살다가 인연이 다하는 시간이면 어디론가 떠나가겠지. 몸의 물기를 덜어내어 가볍게 하고, 키를 키우며 바람을 맞이할 변신을 준비해야 할 것이니까. 함께 지낼 때 서로 응원하고 용기를 나누려고 애쓸 따름이지 떠나면 그만이야. 생명체는 누구나 시작에 끝도 미리 내포하고 있으니 말일세.

그 누구라도 남다른 장점 하나쯤은 지녔거든. 꽃다운 모습이나 향기는 모자라는 종족이지만, 한꺼번에 노란 색깔을 쏟아내어 행인의 마음 한 자락 밝히는 것이 우리의 특기이고, 때가 되면 가볍게 떠날 줄 아는 것이 우리의 재주라 할 수 있지 않겠나. 땅에 붙어 살다가 때가 되면 미련 없이 훨훨 떠날 수 있다니 얼마나 다행인지. 어쩌다 뿌리의 약성을 아는 행인들에게 삶을 송두리째 수탈당할 때조차 삶의 한 시절로 여기니까.

요행히 너른 풀밭에 안착한 일행은 풀과 어울려 살 수 있지만, 홀씨가 날다 멈춘 곳에서 새롭게 시작하기가 사실은 쉽지 않아. 낯설고 물선 땅에 먼저 전입신고를 하며, 그들과 어울리려고 무진장 애를 써봐도 코드가 맞지 않은 경우도 허다하지. 누구와 어울려 사느냐는 문제는 중요한 일이지. 우리끼리 있을 때, 이다음 생에는 어떻게 살아보고 싶다, 어디서 살면 좋겠다는 등 희망 사항이 많은 것을 보면.

그러고 보니 오늘은 그 여자의 눈길도 희미하다. 지천으로 널린 노란빛의 기운도 소용없는지 반기는 기색도 없이 무덤덤하네. 기운 빠지는 날이 있어도 잠시 지나면 또 채워지는 법이거든. 가만가만! 그 여자가 뭔가 생각하는 듯이 우리에게 들릴 듯 말 듯한 목소리로 우물거리네. 어느새~ 내 마음 민들레 홀씨 되어~~ 강바람 타고 훨훨~~~ 네 곁으로 간다~~~

우리는 삶에 대한 집착이 유별난 종족이야. 척박한 땅일지라도 끈질긴 투지로 파고드니 강인하다고들 하지만, 동지섣달 살얼음판을 못 견뎌서 동사凍死하는 이웃도 있을 것이고 바람 타고 먼 세상 돌다가 착지가 서툴러 고사枯死한 친구도 부지기수이겠지. 다행히 잠시 노오란 시절을 맛본다면 이생에서 더할 수 없는 기쁨을 얻은 셈이라네. 생명을 얻었으니 자신을 가장 잘 키우는 일에 대해 고민해야 하고 남에게 베풀어 결국 나를 이롭게 하는 일도 자주 생각해 볼 일이잖아. 우리는 그 여자에게 진심으로 아름다운 삶이 무엇인지를 고민해 보라고 왁자지껄하게 신호를 보낸다.

나도 꽃이다

오월은 생기를 얻는 달이다. 일 년 중 이맘때면 날마다 짙어가는 초록색에 눈길이 빠진다. 초록을 응시하는 동안 마음이 가라앉고 넉넉해지는 까닭에 너나없이 반기는 달이다. 자고 나면 변하는 양태에 활기가 돌고, 야금야금 번지는 색깔만으로도 충분히 에너지를 얻게 된다.

이즈음 꼭 한몫 끼이는 것이 홍가시나무이다. 사철 초록을 잃지 않던 나무는 이때가 되면 변신한다. 울타리용으로 많이 심는 나무인데, 먼발치에서 보면 마치 붉은 꽃이 핀 듯 시선을 끈다. 먼저 난 잎들은 배경이 되어주니 부끄러운 듯 발그레한 나무순들이 꽃길을 연출한다.

연한 새순은 한 뼘 정도 어린잎을 더 달아 새 줄기를 키우고 점점 풀빛을 따라가며 세상에 친숙해지나 보다. 희한하게도 이 나무의 천성은 반질반질하고 붉은 새잎이 주연인 듯하다. 정작 흰색 다발꽃은 조연의 자리로 물러났는지 눈에 잘 띄지 않아 찾아야 보인다. 솟아오르는 붉은 잎이 뿜어내는 기운 덕분에 행인은 꽃길 사열관이라도 된 듯 발걸음에 힘이 들어간다.

꽃처럼 보았다면 꽃이다. 잎이라 해도 꽃처럼 느껴졌다면 꽃과 다름없다. 색이 화려하다고 멋지고 송이가 작다고 초라한가. 길가에 제대로 고개조차 못 드는 제비꽃도 나름의 소명이 있을 것이고 향기 없는 꽃도 존재 이유는 있다. 여태 내가 속물의 눈높이에서 속물의 잣대로 그들의 가치를 폄훼하지는 않았을까.

꽃이 무엇이던가. 꽃은 세상을 밝히는 자연의 장치이다. 꽃으로 환해지는 시절을 기다리고 꽃 앞에서 마음이 선뜻 열리는 것을 보면, 그 반가움을 마음에 담는 동안 혼탁했던 심신이 순화되는 것을 보면, 어두워지고 흐려지는 인간 세계를 정화해 보려는 신의 작전일 수 있다. 시시때때로 피는 꽃을 여느 생명체보다 반기게 되는 것은 사람을 움직이는 존재인 까닭이겠고 그래서 꽃을 싫어하는 사람이 없는 까닭이겠다. 한 시절 세상을 환하게 했다가 후드득 떨어지는 일조차 사람의 심성을 가꿔보려는 시도일지 모른다.

오월은 꽃세상이다. 마치 오케스트라의 연주처럼 이름도 모르는 수많은 꽃이 앞서거니 뒤서거니 피어나 천지를 조화롭게 단장한다. 신은 마에스트로가 되어 각양각색의 꽃을 피워서 어수선한 세상을 다시금 정비하려나 보다. 모든 꽃이 향기로워야 할까. 모든 꽃이 예뻐야 할까. 점점 풍요로워지는 세상에 어긋나게 더 각박해지는 세속을 다듬는 소임에 충실하면 된다. 때가 되면 기다렸다는 듯이 피어 사람의 본성을 짚게 하면 되지 않을까.

화무십일홍이라 했던가. 생명 곡선에 맞춰 자신의 행로를 가야 하는 것은 당연하기에 피고 지고의 순리를 따라갈 뿐이다. 자신에게 심어진 뜻에 따라 필 때 피고 질 때가 되면 속절없이 사라져야 한다. 힘껏 사는 동안 물러서는 이치도 터득했을 것이라 다음을 위해 자리를 내어주는 용기도 이미 새겨 있을 것이다.

꽃 마중을 나선다. 지천으로 널린 꽃세상이지만, 한 송이를 피우기 위해 북풍한설을 견뎌낸 치열한 생명력을 봐줘야 할 의무감마저 드는 날이다. 강둑에는 '나도 꽃이다.'라며 활짝 핀 봄꽃이 한창이다. 절기 변화에 순응하며 기어이 자신을 꼿꼿이 세운 자태를 기웃거리며 살핀다. 오종종히 모여 핀 꽃도 있고 오롯이 홀로 핀 꽃도 있다. 하늘을 보고 선 꽃도 있고 땅을 내려다보고 핀 꽃도 있다. 모든 꽃이 제각기 자신을 키우는 모습으로 넌지시 세상의 이치를 전하려는가 보다.

꽃의 한살이가 예삿일이 아니듯, 사람의 일생도 준비하여 꽃피우고 떠나는 일련의 길이 있다. 모진 시간을 건너야 피는 꽃처럼 삶도 다르지 않다면 과업을 얼추 수행한 지금이 꽃봉오리를 내밀어야 할 때가 아닐까. 절정에 선 시간을 어떻게 채우고 비워야 할지 늘 화두였지만 아직도 오리무중이다.

세상살이가 꽃놀이처럼 될 수는 없다. '나도 꽃이다.'라는 일념으로 애써 꽃피워 놓은 것을 그저 보기만 하는 나에게 꽃들은 한마디씩 얹는다. 잘 차려놓은 밥상에 덥석 숟가락을 드는 몰염치가 아니라면, 꽃놀이를 주선하기 위한 그동안의 여정을 생각한다면, 자신의 존재를 보살피며 더 기다리라는 메시지가 들린다.

매실나무

기운이 생명을 끌고 가는 때이다. 입춘을 지난겨울이 여전히 위풍당당해도 이미 추위에 이골이 난 몸이라 더 움츠려질 일은 없을 듯하다. 냉기에 잔뜩 웅크렸던 몸이 도타워지는 볕살로 풀어질는지 모처럼 산책을 나선다. 마른풀 더미 속에서 초록을 찾는다.

맨 살갗에 바람을 쐬고 싶다. 바람이 들지 않게 동여매고 두껍

게 껴입으며 버텨온 시간을 무장해제하고 싶은 날이다. 여태 입던 외투가 무겁게 느껴지는 것을 보면 아직 칼칼한 바람으로라도 묵은 때를 벗겨내는 봄맞이 대청소를 해야 할 모양이다. 얼음장 밑에서 시작하는지, 눈발에서 먼저 꿈쩍거리는지 알 수 없으나 봄기운을 찾아내야 얼어붙었던 속내가 풀릴 듯하다.

한참을 걷다 매실나무를 만났다. 벌써 가지 끝에 맺은 꽃망울이 모두 영글었는지 가지마다 콩알만 한 매실을 빼곡히 달았다. 바로 옆 석류나무는 아직 한밤중이고 인근의 느티나무도 가지 끝에 겨우 초록이 보일 듯 말 듯한 때인데. 걸음을 멈추고 다시 보니 매실나무는 이파리보다 열매가 훨씬 많아 보인다. 유난스레 앞서가는 이 나무는 마치 열매가 잎을 키울 듯이 보였다. 영하의 날씨에 어떻게 나비와 벌을 불러들였을지 궁금하기도 하다. 남 먼저 세상에 결실을 내놓고 싶은가 보다. 식물도 제 나름의 속도와 요량으로 살아가겠지만, 욕심 사나운 모습이 어색하고 마뜩잖았다.

사실 한겨울의 중턱 어느 날, 그 매화의 자태에 반하던 날이 있었다. 반가운 마음에 꽃에 코를 들이대며 고매한 향기를 가슴속 깊이 끌어당겼다. 박하사탕처럼 화해지는 봄의 전령을 더 오래 느껴보려고 사진을 찍었고 지인들에게 퍼 날랐다. 그날은 매화를 사랑한 옛 선비들이 사랑방에서 버선발로 뛰어나갔다던 그 기분을 이해할 만큼 기뻤다.

유독 한 그루만 올된다. 우중충한 겨울 세상에 매화의 등장은 밤중에 정전이 되었다가 불이 켜진 듯이 눈앞이 환해졌고 반가웠다. 같은 종의 매실조차 이제 기지개를 켜고 겨우 준비하는 때에 남 먼저 꽃망울을 달고 꽃을 피워 시선을 집중시킨 매실나무가 유난스러워 보였다.

어찌 된 영문일까. 어쩌다가 세상이 꽁꽁 얼어붙는 때를 택해 제 기개를 펼치려 할까. 남들과 묻어가지 못하고 계절을 앞질러 사는 뜻이 궁금해진다. '희한하재. 뭐가 그리 바쁠꼬? 해마다 자기가 아니면 봄을 부를 수 없다고 생각할까.' 어쩌면 혼자 앞서가는 매실나무는 모두를 끌고 새 세상을 꾸밀 대장 노릇을 자청하는지도 모를 일이다. 그러고 보니 누군가는 봄이 와서 꽃이 피는 것이 아니라, 꽃이 피어서 봄이고 꽃은 절대로 우연히 피지 않는다고 노래했던 의미를 알 것 같다.

앞서가야 최선일까? 앞서가야 잘 사는 것일까 자문해본다. 지금껏 내가 받은 교육의 전 과정은 경쟁의 나날이었다. 남보다 앞서야 누구나 인정하는 '잘하는 일'이었으니, 내가 하고 싶은 일보다는 내가 해야 하는 일이 언제나 우선이었고 가타부타 군소리할 대상이 아니었다. 어떻게든 앞서가는 일은 선망의 대상이었고 남에게 이겨야 최선을 다한 것처럼 배웠다.

새마을 정신으로 무장된 베이비붐 세대답게 신념이 무서웠다. 앞다투어 피는 봄꽃처럼 항상 비교 대상을 내 밖에 두고 곁눈질하며 달렸다. 속 욕심에 비해 깜냥이 되지 못한다는 사실을 모르는 바 아니었다. 힘에 부치는 줄 알았더라도 탁 털 수 없었고 좌충우돌하면서 에둘러 가더라도 기어이 가려고 용썼다. 할까 말까 망설여질 때는 하고 후회하는 것이 더 낫다고 믿으면서 말이다.

지금 보니 별것 아니다. 그때그때는 그것 아니면 안 될 듯하던 것들이 시간이 흐른 지금, 왜 그렇게 안달복달했는지 그 변명조차 댈 수 없어 씁쓰레하다. 세상의 가치가 바뀌어서만은 아니다. 시간이 흘러도 변하지 않을 가치에 더 치중해서 살아야 하는데 쳇바퀴에 오른 다람쥐가 쳇바퀴를 돌리기 위해 애를 쓴 것이 아니라, 맹목적으로 종종걸음치다 보니 쳇바퀴가 돈 것처럼 앞만 보고 질주하며 산 명분이 보이지 않는다.

남들보다 앞서서 꽃을 피우고 열매를 맺는 암팡진 매실나무가 애연해 보인다. 욕심껏 살고 싶은 대로 사는 게 보람이 될지, 남들이 가는 길 따라 사는 것이 무난할지, 존재감을 키우는 길을 다시 생각해 보라고 충언하고 싶다.

꽃배추에게 박수를

꽃배추가 꽃을 피웠다. 꽃대를 성큼성큼 올리더니 밥풀때기처럼 생긴 노란 꽃망울을 졸졸이 터뜨렸다. 겨우내 노숙하느라 추레하기 그지없는 잎은 앞서거니 뒤서거니 피워낸 환한 꽃 색과 대비된다. 유난히 추웠던 날씨였음에도 불구하고 한 포기도 포기하지 않고 오롯이 꽃피운 모습이 가상스럽다.

아마도 겨울나기를 위한 극한의 노력이 있었나 보다. 영하의 날씨에 버티기 위해 잎들은 색을 더 진하게 채우며 점점 도톰해지면서 살아남기에 안간힘을 썼을 것이다. 햇빛을 한 줌이라도 더 받기 위해 변신을 거듭했을 것이나 속사정을 몰랐던 나는 기온변화에 따라 잎 색이 꽃처럼 붉게 바뀌는 종자인 줄 알았다. 그들의 여정이 이제야 제대로 보인다. 자세히 보아야 보인다던 말이 떠올라 다시 눈이 가면서 지난했던 삶이 어렴풋이 헤아려진다.

해마다 단풍이 떨어지는 때면 꽃배추를 심은 큰 화분이 도로변에 등장하곤 한다. 꽃배추가 겨울철 관상용 화초로 선택되는 것은 삭막해지고 우중충해지는 주변이 밝혀지기를 기대하는 까닭이겠다. 아무리 추워도 향기를 팔지 않는 매화처럼 꽃배추는 엄동설한의 날씨를 탓하지 않고 생명줄을 놓지 않았다. 겉잎이 얼고 마를지언정 속잎은 시들지 않도록 단단히 여며 추위에 기어이 버텨냈다. 한 포기도 투정 없이 꽃대를 뽑아 올리고 꽃을 피워낸 꽃배추가 대견하다 못해 존엄해 보인다. 멍하게 바라보고 있자니 그제야 소임을 다한 여정에 싸해진다.

결과가 좋으면 다 좋다는 말이 생각난다. 어찌 살아왔건 때가 되면 꽃을 피우고 열매를 맺는 일은 당연한 책무로 여겼을까. 다른 생명체와 다를 바 없이 제 할 일을 해내는 다부진 심성이 보인다. 주어진 여건에 흔들리지 않고 생명을 부여받는 순간의 미션을 놓지 않아야 한다는 메시지가 들린다.

애연하여 걸음이 떨어지지 않는다. 자세히 보니 따뜻한 봄날을 택해 발아한 여느 봄꽃처럼 의기양양하지는 않다. 겨울을 견뎌내고 봄을 맞이하니 전쟁을 치르고 천신만고 끝에 귀향하는 남루한 의병 같다. 하나같이 생채기투성이의 외모지만 주어진 생명의 끈을 소중하게 생각하라는 꿋꿋한 결기에 면목이 없다.

파란만장한 자신의 삶을 소개하는 TV 프로그램을 자주 본다. 흔들리지 않는 삶이 어디 있겠느냐마는 더 유난스러운 고난을 딛고 일어선 사람들의 이야기이다. 사회자는 시청자에게 평소 생각하지 못한 자기 삶을 먼저 통찰해 보라는 제안을 하며 방송을 시작한다. 엊그제 주제는 내 인생의 대박은 무엇인가, 쪽박은 무엇인가였다. 출연자들은 어려웠던 시절을 회상하면서 굴곡진 이야기들을 전하는데, 그들의 아린 심중이 찌릿하게 전해진다. 연속되는 좌절에 뛰어내리고 싶었고, 끝으로 치닫던 시절을 이야기하면서 아직도 눈시울이 벌게지고 목이 메어 말을 멈추기도 한다. 당시에는 넘을 수 없는 벽처럼 대단한 사건이지만 지나고 보면 돈으로 살 수 없는 값진 경험이었고 오히려 지금 힘을 실어준다고 토로한다. 요지부동의 상황에서는 생을 포기하고 싶었다는 말도 담담하게 전한다. 마치 산전수전을 다 겪은 선각자처럼, 어려운 상황을 건너고 있는 시청자에게 지금 상황에 매몰할 것이 아니라 멀리 보기를 권유하는 멘트까지 더하며 여유롭게 마무리한다.

우리의 삶은 마라톤을 하듯 앞만 보고 달린다. 출발점은 보이지 않고 함께 시작한 동료와도 멀어진 채 자신을 독려하며 결승점을 향해 달려간다. 생전 처음 가는 길이니, 요령을 알 턱이 없으나 각처에 도사리고 있을 복병을 허들 넘듯 뛰어넘어야 한다. 주변을 살피거나 걸어온 길을 되새김할 겨를도 없이 오로지 도중하차하지 않으려 전력을 다할 뿐이다.

꽃배추는 또 다른 변신을 시작한다. 총총히 난 꽃으로 중심대를 감싸면서 벌과 나비를 부르던 환한 시간도 멈추었다. 이제 시간의 흐름에 따라 사라져야 할 때임을 아는지 노란 꽃잎을 흩날리며 곁가지에 힘을 빼고 늘어진다. 혹한을 견뎌내며 소명을 다해 낸 꽃자리는 씨앗 꼬투리를 달았고, 이제 건사를 기다리고 있다. 자연의 순리에 따라 다시 자연으로 돌아갈 준비를 마친 셈이다.

세상일에 헛고생은 없다. 고생의 그 순간은 버겁고 길이 보이지 않아 이리저리 헤매지만, 시간이 흐르면 그 고생이 삶의 보약이 된다는 진리를 꽃배추가 증명해 보였나 보다. 주변을 탓하지 않고 묵묵히 자신의 길을 지켜낸 꽃배추처럼 나름의 클라이맥스를 만들면 존재에 대한 몫은 충분하다. 왁자지껄하던 속마음이 차츰 가라앉는다.

* 꽃배추 : 십자화과의 한해살이풀 또는 두해살이풀이며 정확한 이름은 꽃양배추임.

모과나무

나무도 제철이 있다. 모과나무는 가을이 되어야 관심을 받는다. 쭉쭉 뻗어 오르는 편백이나 메타세쿼이아처럼 늘씬하지 못하고 몸피에도 옹이가 박혀 미끈하지 않다. 이파리 모양도 평범할 뿐더러 발그레한 꽃도 수더분한 편이라 여느 봄꽃들에 비해 존재감이 덜하다. 그러니 때가 되면 잎을 달고 남 따라 꽃을 피우며 어울려 살아가는 평범한 수종이다. 그럼에도 무던한 천성 덕분에 정원수로 사랑을 많이 받아와 마당이 있는 집이라면 모과 한 그루쯤은 있어야 구색이 맞다고 한다.

조물주는 모든 생명체에게 나름의 존재 이유를 부여했다. 어떤 종은 남 먼저 나서기를 좋아하는 성질을 줘서 선달 칼바람에 꽃을 피워 이목을 집중시키고, 사시사철 푸르름을 간직하며 인고의 시간을 견뎌내는데 존재감을 실어준 나무도 있다. 고혹적인 향기를 지니거나 기온에 따라 형형색색의 변화로 눈길을 붙잡기도 한다. 하지만 이렇다 할 이름 없이 제각각이 받은 소명을 좇아 살다 가는 종류가 대부분일 듯하다.

공원 산책길에는 유실수들이 줄지어 서 있다. 나무의 변화를 나의 봄으로 대치하고 싶은 마음에 그들의 봄날을 흘깃흘깃 엿보게 된다. 봄나무들은 하룻볕에라도 잎을 알뜰살뜰 키워 봄빛 반질거리는 풍경을 선사하고 싶고 빈 나무를 어서 채우고 싶은 도양이다. 인근의 매화를 필두로 복사꽃, 배꽃, 사과꽃들이 서로 봄기운을 나누며 앞서거니 뒤서거니 꽃들의 향연이 펼쳐진다. 귀 밝은 이에겐 연이어 쏟아지는 꽃망울 터지는 소리가 들릴 듯한 때이다.

공원길에 한쪽에 있는 모과나무는 수령이 반세기는 족히 더 되어 보인다. 우람하고 중년의 멋진 신사처럼 중후한 품격이 느껴지던 나무다. 올해 모과나무의 잎들은 내가 기다리는 것을 알았는지, 어서 나오고 싶었는지 일찌감치 세상 구경을 나왔다. 다른 수종에 비해 생육이 약간 늦은 편이나, 맑은 분홍빛으로 봄축제의 구성원이 된 모과꽃에서 편안함을 느끼곤 했다.

근데 웬일일까? 아기 손바닥만 하게 자란 잎이 온전치 않고 새이파리마다 갈색 점이 박혀 있다. 멈춰서서 보니 먼저 난 잎들은 대개 다 비슷한 상황이었다. 잎을 키워야 할 봄의 끝자락에 병충해가 심할 때는 아니지 싶은데. 평소 무심히 지나쳤던 모과나무가 점점 병색을 더해가는데 누구에게 물어볼 데도 없고 날마다 지켜볼 따름이었다.

나무는 속병이 들은 듯했다. 겉에서 보기엔 잎을 갉아 먹는 벌레가 보이지 않으나 모과는 잎이란 잎에는 모조리 점박이가 생기고 오그라들면서 가을 낙엽처럼 마른다. 무난한 모과나무가 계절을 당겨 부를 이유는 없을 터인데. 멀쩡하던 나무가 불과 한 보름 시름거리고 한 달 남짓 지날 무렵에는 새잎들을 모조리 떨구고 거의 나목이 되어갔다. 새잎을 달며 말쑥하던 나무가 무슨 사연이 있었기에 봄마저 밀어내야 했을까. 살아남기 위해 반질거리던 새순을 모조리 떨쳐내는 아픔을 속으로만 곰삭이며 끙끙대는 소리가 들리는 듯하다.

안타까운 마음도 눈앞에 있을 때 더하는 법이다. 한 보름 잊고 있다가 문득 궁금해져 달려갔더니, 먼발치에서 언뜻언뜻 초록이 보인다. 다시 살펴보아도 빈 나무에 작설 같은 새잎이 돋아나고 있었다. 해마다 몸통을 탈피해야 하는 것도 모자라, 올봄에는 새잎마저 송두리째 털어냈으니 그 신산함은 이루 표현하기 어려우리라. 그래도 고목은 한 번 더 담금질하는 셈 치고 온갖 진액을 다 뿜어내며 저항하였기에 새로 시작할 수 있었을 것이다. 속병이 숙지근해졌는지, 다 나았는지 새잎을 단 옹골찬 뚝심에 박수라도 보내고 싶다.

누구에게나 안간힘을 써야 하는 시간이 있는 법이다. 혹독한 고통에 맞서서 살아남기 위해 온몸으로 버텨내야 하는 것은 식물이라고 다르지 않을 듯하다. 푸르름을 더하며 몸을 불려가는 시절에 새순마저 떨어내야 하는 상황을 어찌 받아들였을까. 예기치 않은 고난을 자신을 성숙시키는 방편이라 이해했을까. 생명을 부지하는 것만으로도 운 좋다고 생각하고 용기를 냈을까.

친구의 황당한 소식을 들었다. 가장 발견하기도 어렵고 완치도 어렵다는 속병이 발견되어 급하게 수술을 받았단다. 삶의 행로가 확 바뀌는 상황에서 담담하게 처신하는 친구의 내공은 무서우리만큼 단단했다. 무어라 위로해야 할지 몰라 우물쭈물하고 있는 나에게 오히려 친구의 말 한마디 한마디가 울림이었다. 큰 탈 없이 건너온 시간에 의미를 싣고 주변에 감사하는 생각을 펼친다. 큰 병으로 앞만 보고 달리던 속도를 조절하게 되었으니 지금부터 자신을 보살피며 살면 된다는 것이다. 아무 생각 없이 살지 않았다고 내심 자부했건만, 친구의 말을 들으며 '내 시간은 속 빈 강정이었구나.' 싶었다. 다행히도 친구는 지금까지 병원에서 요구하는 일련의 과정들을 견뎌내며 원기를 회복하고 있다. 모과나무처럼 훨훨 털고 일어나 가던 길을 다시 갈 수 있으면 좋으련만.

세상에 있는 것들은 사라질 것들이다. 언젠가 떠난다는 사실을 모르지 않지만, 그날을 염두에 두고 살지 않는다. 오늘을 잘 살고, 자고 나면 내일이 주어져 있을 것이라고 믿기 때문이다. 살아있는 동안 중요한 것은 무엇일까. 하루를 잘 사는 것은 어떻게 하는 것일까? 올봄 모과나무처럼 혹독한 병마에 견뎌내려면 얼마만큼 참아야 할까.

시인이 '흔들리지 않는 삶이 어디 있으랴.'라고 노래할 만큼 모든 생명체는 생성될 때 이미 생로병사의 봇짐을 지고 왔다. 살아가려면 반드시 겪고 가야 할 관문처럼, 속속들이 들여다보면 크고 작은 상처와 아문 흔적이 없을 수 없다. 그럼에도 불구하고 괜찮은 척하며, 아무 일도 없는 척하며, 눈시울이 벌게지더라도 돌아서서 늠름한 체하며 속병을 앓고 혼자 감내한다. 기어이 견뎌내고, 새이파리를 다는 모과나무에게 "그래, 또 힘을 내보자." 하며 응원을 보낸다. 한 해쯤 거르면 어때. 열매 하나 못 달고 가을을 맞이한다 해도 내년에는 또 어찌 달라질지 알 수 없지 않나.

철새

우두커니 서 있다. 무엇을 생각하는지 얼어붙은 논바닥에 서서 꼼짝하지 않는다. 찍사를 위한 포즈를 잡고 있을까. 아니면 동지섣달 삭풍에도 세상 구경 나온 사람들을 구경하는지, 오늘 하루를 어떻게 놀아볼지 곰곰이 생각하는지도 알 수 없지만, 잿빛 철새는 굵은 철사 정도의 가는 다리로 요지부동의 자세로 버티고 있다. 바싹 마른 갈대밭 쪽을 바라보는지, 그들의 일행이 왔던 하늘을 보고 있는지 시선도 자못 궁금하다. 그래서 고고하다고 했을까.

주남저수지에 갔다. 해마다 이맘때면 철새들이 찾아와 장관을 이루기에 종종 그들을 만나러 간다. 저수지 주변의 갈대밭이나 습지에서 한 계절을 보내는 겨울 나그네들은 관객을 불러들여 엄동설한의 시선을 붙잡는다. 시베리아 혹한을 기억하는 철새는 이 정도의 날씨쯤은 아랑곳하지 않는 모양이다. 매서운 추위에 사지가 오그라드는 나는 그들의 의연한 자태가 오늘따라 더 부럽다.

정말로 마음먹기 나름일까. 마음 한 끗에 며칠이고 몇 달을 뒤숭숭해 하면서 그 원인을 늘 밖에서 찾는다. 이전에 비해 나아지는 것에는 둔감하지만, 못해지는 것에는 민감해지는 것이 인지상정인지라, 마음을 잘 먹는다는 것이 실로 쉽지 않다. 마음을 잘 먹어야 현재가 편안할 수 있다는 것쯤은 알고 있지만, 막상 맞닥뜨린 상황에 끌려가고 흩어지고 우왕좌왕하기를 반복하게 된다. 전과 후를 비교하기 좋아하는 나에게 칼바람이 날아온다.

마침 고니 떼가 한 판 날아오른다. 집단생활을 하는 고니는 리더의 신호에 따라 일제히 소리를 내며 앞서거니 뒤서거니 창공을 수놓는다. 서로 독려하는지 한 무리가 한꺼번에 소리를 내는 바람에 갑자기 주변이 왁자지껄해진다. 연하장 표지에서나 볼 수 있는 큰 새의 비상에 구경꾼들도 일제히 탄성을 더한다. 사람이 철새를 구경하는지 철새가 사람을 구경하는지 분간이 되지 않는다.

몇 년 전에는 철새의 발걸음이 뜸할 때도 있었다. 환경애호가들이 앞장서서 그들을 초대할 계획을 세웠고 근래에는 지자체에서 배를 채워주는 사업을 맡았단다. 둑을 사이에 두고 너른 저수지는 놀이터로, 연밭에는 볍씨를 뿌려 먹이터를 조성에 두었다. 언제부터 왔는지 알 수 없으나 겨울철이면 찾아와 한 계절 머물다 다시 떠나는 그들에게 주남저수지는 단지 월동을 위해 잠시 머무는 곳이 아닐 듯하다. 확 트인 주변 환경으로 철새들에겐 이동이 쉬운 지역이고 갈대숲은 보금자리로 손색이 없다고 해설사는 강조한다. 그들이 살기 편한 터에 좋아할 만한 먹이도 수시로 깔아주니 주남저수지는 어쩌면 철새들에겐 천국 여행지가 아닐까 싶다.

나는 다음 생에 새로 태어나고 싶었던 때가 있었다. 새처럼 어디론가 자유로이 날아보고 싶은 욕구가 간절했다. 오로지 타인의 시선에 어긋남이 없는 역할로 나의 존재를 가늠하는 시기여서 그랬을까. 나를 둘러싼 사방의 거미줄에 엮여 나를 주시하고 있는 듯하고,

사람 사이에서 보이지 않는 그물에 걸린 것처럼 요지부동할 수 없었을 때면 이곳의 새들이 보고 싶었다. 그때를 생각하면 그나마 자유로워진 지금은 감사해야 할 따름인데.

철새들이 주남저수지를 찾아오듯이 나도 인연 따라 흘러왔을 것이고, 철새처럼 먹이를 찾고 하루하루 살아내기에 바빴을 것이다. 시베리아 철새는 편안하게 지내다 돌아갈 곳도 있지만 나는 어디서 왔는지도 모르고 돌아갈 곳도 모르는 철새다. 그러면서 지금에도 온전하지 못하고 허둥댄다. '나 하늘로 돌아가리라. 아름다운 이 세상 소풍 끝내는 날, 가서 아름다웠다고 말하리라'라는 시의 소풍처럼 얽매이지 않고 만만하게 지내다가 때가 되면 미련 없이 돌아갈 수 있다면 최선이 될런지.

세상 이야기들이 귀를 덜 자극할 지금부터는, 여기의 인연이 운명적이고 그들과 관계를 엮는 것은 나에게 달렸다고 생각의 틀을 바꿔보련다. 개중에는 다부지게 매야 할 인연이 있을 것이고 느슨하나마 묶어두어야 할 끈도 있겠지. 늘어진 고무줄처럼 삭아진 관계도 있을 터, 터지지 않을 만큼 간간이 당겨보아도 괜찮겠지.

천국도 지옥도 내 마음에 있단다. 오늘 철새는 내 마음먹기에 따라 부담감이 달라지는 시범을 보여주고자 했을까. 여행 온 기분이라 치면 이 정도의 냉기쯤은 홀가분하고 견뎌질 것이다. 시시때때로 변해야 하는 역할놀이를 즐기긴 어렵더라도 손님맞이용 연기가 누구에겐가 힘이 된다고 생각하면 덜 버겁지 않을까.

여기가 나의 천국이다. 지금이 천국인 줄을 모르고 허우적거리다 버스 지나고 손 흔들어 봤자 이미 때는 늦다. 심드렁한 오늘 패에 희미한 웃음을 얹는다.

숲에서 배운다

숲이 도란거린다. 계절의 흐름을 먼저 읽는 숲은 오늘따라 하고 싶은 말이 많은 모양이다. 집에서 마주 보이는 작은 산에서 바람을 품었다가 이리저리 내놓으면서 술렁이기를 반복하고 있다. 한동안 꼼짝하지 않던 숲이 결사를 풀었나 보다. 가지 끝에서 잎새들은 여름을 견뎌내고 살아남은 자신을 대견해 하는 듯하기도 하고, 다가올 시간에 대해 준비를 하는지 부드럽게 실루엣을 일렁댄다. 우듬지에 무동을 타고 그들의 이야기를 엿듣고 싶어진다.

사실 지난여름은 지난했다. 초대형급 태풍이 연거푸 들이닥치는 바람에 숲에 사는 생명체들은 온몸으로 그 기세를 받아 낼 수밖에 없었다. 꽃보다 더 예쁘다는 새이파리가 상처 나고 찢기는 것은 아무것도 아니었다. 열 손가락 깨물어 안 아픈 손가락 없다지만, 개중에 관심이 소홀한 가지는 가차 없이 꺾여버렸고 생가지마저 찢어지는 시련을 겪어낸 정도도 그나마 다행이라면 다행이다. 멀쩡한 허리를 부러뜨리기도 하고 수십 년을 버텨온 뿌리까지 뽑아내면서 성난 바람은 그 위력을 과시했으니. 멀리서 보이는 모양새는 크게 바뀌지 않아도, 들여다보니 수마가 훑고 간 상처로 숲속은 난장판이 되었다. 갑작스러운 물줄기에 휩쓸린 자잘한 잡목들이 자빠져 이미 사생의 길로 들었으니 초본들은 말할 것도 없었다. 각기 다른 모양새로 오순도순 어울려 살던 얼마 전의 모습은 상상 불가다. 이렇다 보니 그 속에 기대어 살던 작은 벌레들의 생사는 추측조차 어렵다. 갑작스러운 폭풍우로 질타당하는 동안 그들 또한 넋을 놓아야 할 지경이 되었을 것이다. 속수무책의 상황에서 숲 공동체는 그저 망연자실했을 것이고 바람의 화가 사그라들기만 기다렸을 것이다. 모든 것은 변하게 마련이라 믿으면서.

엄청난 고통을 겪어서일까. 오늘따라 숲세가 더 담담해 보인다. 그 당시는 모질고 우악스러운 상황을 버텨내느라 이루 표현할 수 없는 고통이었겠지만 지나고 나면 웬만한 시련쯤에는 견뎌내는 힘이 길러졌을까. 고통도 그저 겪는 것은 아닌가 보다. 이미 지난 시간을 탓해본들 돌아갈 수 없고 그대로 주저앉을 수도 없으니 마음을 돌려 다시 '지금'을 살아가려는 생명체의 순리가 전해온다. 뒤죽박죽된 난장판에서 회생의 기운을 살금살금 더하는 지금, 초록은 동색이라지만 이맘때의 숲은 동색이 아니다.

어느 때인들 과제는 있기 마련이다. 고통의 터널을 벗어났더라도 한숨 돌릴 새 없이 자신을 추슬러야 한다. 기운을 키워가는 봄날이나 여름날이 아니다. 그들에게는 '지금'은 자신에게 주어진 미션을 수행해야 하는 엄중한 시간이다. 그뿐이 아니다. 곧 닥쳐올 겨울의 묵언 정진까지 준비해야 한다. 지난 시간이 어떠했건 마른 풀로 숲 향을 더하고, 잘 익어가는 빛으로 숲 색을 더하여 마치 모처럼 외출을 채비하는 아낙네의 발그레한 미소를 연출해야 한다. 어서 홀가분해지고 싶은 나무는 마른 잎을 날리고, 멋을 아는 나무는 호리

호리하게 변신을 시작했다. 우람한 자태로 독야청청하는 친구도 있다. 시간의 흐름에 조바심 내지 않고 당당하게 자신을 세워야 진짜 멋쟁이가 될 수 있을까.

흔들리지 않는 인생이 있으랴. 크고 작아 보이는 차이는 있을지언정 들여다보면 누구나 숨겨진 고난을 견디며 징검다리 건너듯 살아간다. 나 또한 벼랑 끝에 서거나 물에 빠져 지푸라기라도 잡고 싶었던 순간이 숱했고, 고난의 시간에 갇혀, 지난 시간만 바라볼 뿐 앞으로 나아갈 엄두를 못 내고 허우적거리기도 했다. 아무리 센 바람이 불어도 먼바다는 고요할 것인데 한 치 앞을 내다보지 못해 눈앞의 파도에 동동거리는 시간이었다.

인간은 망각의 동물이라지만 꼭 그렇지도 않은가 보다. 좋았던 일은 시간 따라 흐릿해지지만, 궂은일은 깊숙이 각인되는 모양이다. 지금껏 상처의 통증이 도질 때마다 한탄이 배여 나오고 원망하는 것을 보면. 숲이 겪은 초대형 태풍처럼 산전수전 다 겪은 덕분에 얇지 않은 배짱이 생긴 것은 진한 고통이 남겨준 선물이라는 생각이 지금에야 스친다.

연습이 허락되지 않은 일회용 삶이다. 다가올 날을 대비하지 않고 지난 시간에 머뭇거리다가 허둥거리기 일쑤다. 자신을 돌보며 나아갈 길을 찾아내는 것이 이제 남은 숙제이지 싶다. 스스로 다잡고 추켜세워 묵묵히 가는 자세를 숲에서 배운다.

제2부
시간이 가르쳐준 것들

길은 여기에도

오늘도 산책을 나선다. 선뜻 마음이 내켜서라기보다는 의무감에 할 수 없이 간다. 성지곡 수원지로 들어서니 자발적으로 건강을 챙기는 사람들이 장날처럼 붐빈다. 발그레한 혈색과 원색 옷차림처럼 한결같이 밝은 기운이 넘친다. 그들의 위풍당당에 기가 죽어 슬며시 비껴간다.

걷는 코스는 빤하다. 공원 입구에서 오른쪽으로 난 큰길을 택해 수원지를 끼고 크게 한 바퀴 도는 정도면 흡족하다. 한 시간 정도 걷지만, 나의 체력에 적당하다고 합리화해왔기에 성지곡에 오면 언제나 그 길만이 내가 가야 할 길처럼 여겼다. 코스 중간중간에 여러 군데 갈림길이 있으나 내겐 길이 아니었다.

건강 제일주의자 무리에 끼여 오르막길을 오른다. 자연의 기운을 받아서인지 벌써 내려오는 사람들의 안색에는 자신감까지 장착되어 보인다. 어차피 그 축에 합류한 이상 그들의 씩씩한 걸음걸이를 흉내 내며 구부정한 자세를 바로잡는다. 약간 비탈진 포장도로를 잠시 올라왔는데 좀 쉬었으면 좋겠다는 생각이 비집고 올라온다. 가던 걸음을 멈춰 서니 마침 매점 앞의 벤치가 반갑다. 털썩 앉고 보니 매점 옆의 샛길이 보인다.

'보이는 만큼 보는 것이 아니라, 보는 만큼 보인다.'라는 말이 있다. 지금껏 보아왔을 바로 숲으로 접어드는 샛길은 볼 마음이 없었기에 보이지 않았던 길이었다. 어쩌면 큰길을 따라가는 걷는 것이 능사라고 믿었던 탓에 좁은 길을 눈여겨볼 관심이 없었다는 말이 더 맞겠다. 무슨 마음인지 늘 걷던 코스에서 벗어나 새길에 접어들었다. 그 길은 방금 마음을 낸 나에게 새길이다. 이미 닳은 사람이 지나다녀, 한 사람은 편하게 지나갈 만큼의 수풀길이다. 몇 계단을 오르니 편백숲이 울창하다. 화면전환 모드로 이어지는 초행길에서 마음 전환 모드가 연출된다. 10년도 더 다녔던 공원에서 새길을 만나 은근히 호기가 난다.

지금까지 나는 많은 사람이 다녀 넓게 다져진 길만이 길인 줄 알았나 보다. 콘크리트 포장이 된 탄탄대로라야 길인 줄 여겼을까. 늘 다녔던 그 길만 길이라 믿고 따라가면서 한 번도 딴생각 없이 만족해한 자신이 되레 의문스러워진다. 고지식한 건지 무념한 건지 남들이 만들어놓은 길에 너무 익숙했고 샛길을 찾거나 길을 만들 생각은 꿈조차 꾸지 못했으니….

한 번도 밟지 않은 샛길을 오른다. 낙엽이 쌓여 푹신푹신한 쿠션감까지 더한 길을 걸으니, 지금껏 걷던 큰길과는 느낌이 다르다. 이제 주위 사람의 행보를 눈치 볼 것도 없어 사부작사부작 걷는다. 편백목의 테라피 효과인지 오르막의 쌕쌕거리던 기분이 사라지고 가벼워지고 편안해진다. 별생각 없이 들어선 나에게 좁은 숲길은 마치 기다렸다는 듯 품어주고 다독여 주는 듯하다. 예측하지 않았던 호사이다.

문득 내가 살아온 길이 보인다. 남들이 가는 큰길을 좇아가며 오직 그 길만 길인 줄 알고 기나긴 시간을 따라갔다. 그 긴긴 세월에, 가는 길에 대한 의심의 여지가 없었고 마치 국가와 민족을 위해 대단한 일을 하는 큰길에 합류할 수 있어 다행이라 여기그 내심 우쭐하기도 했다. 그런데 출구가 보이는 시점에서 미련스러웠다는 생각이 드는 것은 왜일까. 대로를 씩씩하게 달려왔으면 최소한 자조할 수는 있어야 할 텐데도.

그나마 다행이다. 아직은 오늘 본 샛길처럼 나만의 이야기가 숨어 있을 법한 골목길을 찾아 나설 시간이 남아 있다. 미욱한 자신을 탓하기보다 지금부터 이길 저길 낯선 길을 찾아 기웃거려 보련다. 내가 가고 싶은 쪽이면 둘러 간들 어떠랴. 이제 걷기 좋은 길은 물론이고 구불구불 울퉁불퉁한 길도 마다하지 않으리. 쉬엄쉬엄 걷는 그 자체에 마음을 싣고, 소소한 것들로 가랑비에 옷 젖듯 푸석거리는 마음밭에 풀 돋는 날까지 뚜벅이가 되어 볼 일이다.

띠 타령

다시 기해년이다. 육십갑자를 한 바퀴 돌아 태어났던 해를 다시 만났다. 자기 띠를 제대로 만나는 것은 평생 한 번뿐이란다. 그쯤 되면 누구나 자기 띠에 의미를 붙이며 지나온 시간을 반추할만하다. 십이간지에 따라 십이 년 만에 만나는 느낌과는 다른 무게감이 있다.

올해는 황금 돼지해이다. 매스컴에서는 기해년의 기는 십이지간의 여섯 번째 글자인데 토에 해당되며 노란색, 황금색을 의미하고, 해는 돼지를 의미하므로 기해년을 황금돼지라고 부른다고 했다. 예로부터 열두 띠 중에서 돼지에 대한 인식은 나쁘지 않았나 보다. 하늘에 바치는 신성한 재물로써 사용되었을 뿐만 아니라 재산과 복의 근원으로 여겨왔다. 또 돼지꿈을 꾸면 재수가 있다고 좋아하며 돼지띠는 복이 많다고 믿는 경향이 없지 않으니 말이다.

나는 기해생이다. 점심 무렵 태어났고 연년생인 동생은 쥐띠인데 밤에 터어났다. 주변 어른들은 쥐가 밤에 활동하는 습성에 견주어 동생의 삶은 많이 바쁠 것이라 예견하시며 나에게는 돼지의 이미지에 빗대어 띠만으로도 삶이 느긋할 것이라고 하셨다. 게다가 밥 먹는 좋은 시간에 태어났으니 식복이 있어 부자로 살 것이라고 덕담까지 얹어 주셨다. 자라면서 은근히 그 말씀이 사실이길 기대하고 언젠가 그런 날이 오리라 기다렸다. 그러나 한참을 살고 보니 사주 분석은 턱없이 빗나가고 말았다.

지금껏 바삐 살아야 하는 쪽은 동생이 아니라 나였다. 주변 어른들의 덕담처럼 배 두드리며 먹고 놀 상팔자는 전혀 아니었다. 희한하게도 하나가 지나면 언제나 다음 순서가 대기하고 있는 듯한 일들에 휘둘려 전전긍긍했다. 그러니 밤새 먹이를 찾아 분주한 쥐보다 더 동동거린 내 삶은 돼지의 습성과는 거리가 한참 멀었다.

불수자성 수연성不守自性 隨緣成이랬다. 불교 경전인 법성게에 나오는 이 말은 삶은 자성을 지키지 않고 인연 따라 이루어진다는 말이란다. 자성은 자신이 가진 성품이나 본래의 고정된 자리를 말하는 것이라니 삶은 자신 의지대로 되기보다 상대적으로 주어진 상황이나 관계에 따라 결정되어진다는 말인가 보다. 그런 관점에서 분주했던 내 삶을 돌아보면 기대처럼 얻어내기보다 헛발질이 훨씬 많았다.

돼지처럼 아둔했다. 인연을 기다리고 따르기보다 내 생각에 집중하여 좇아갔고 채우기에 바빴다. '먹을 수 있고 없고'에 상관없이 먹을 만한 것이 보이면 저돌적으로 덤벼들었다. 내 것일 수 있는 것이 아니라 내 것이고 싶은 것들에 아등바등했으니 돼지의 게걸스러운 습성대로 산 셈이다. 명예와 재물에 대한 욕심을 버리지 못한 저팔계의 후손처럼.

12년 전에도 황금 돼지해라고 불리던 해가 있었다. 그해 출산율은 다른 해보다 높았다고 한다. 출산 적령기의 사람들이나 지인들은 서로 덕담을 나누며 돼지띠의 출생을 부추겼다. 올해도 그러려나. 태어날 아기의 띠나 시가 중요하다고 생각하는 우리의 관습은 그해의 띠에 따라 출생을 금기시하기도 하고 권장하기도 하며 태어날 아기의 사주를 조장해 왔다. 황금 돼지해가 정말 재물과 복이 가득 찬 풍요로운 삶을 가져다주는지는 알 수 없지만, 사람들을 기대하게 만드는 플라세보 효과는 있을 것이다.

동양에서는 누구나 띠를 갖는다. 태어난 해를 열두 지지地支를 상징하는 동물들의 이름으로 일컫는 띠에는 호불호를 가지고 있다. 사주나 팔자에 대해 믿지 않으면서도 나 또한 옛날 어른들의 그 해석을 뿌리치지 못한다. 원하든 원치 않든 간에 특정 동물의 속성을 염두에 두게 되고 띠에 따라 공통적인 행동 특성을 드러내는 점도 없지 않으니 말이다.

스몰 라이프시대이다. 많이 채우고 길게 늘이고 높이 쌓아야 하는 산업 전사의 시대는 지나갔다. 소소하지만 심심하지 않고 불편하지 않을 정도이면 충분히 잘 사는 축에 속하는 시대이다. 미래를 위한 참고 기다리는 방식보다 현재의 시간에 더 집중하고 작은 것이라도 지금의 만족과 기쁨을 더 중시한다. 미래를 위한다는 명목

아래 싫건 좋건 묵묵히 참고 견디며 오지 않을지도 모르는 '그 날'을 기다릴 때가 아니다. 용기 있는 젊은이들의 소확행이라는 새로운 패턴을 구태의연한 내 방식에 수혈하고 싶다.

일에서 해방될 날이 다가오고 있다. 이후의 삶에 다시 기대를 건다. 하고 싶으면 하고 말고 싶으면 말 수 있는 자유의 시간이 오면, 나는 진짜 황금 돼지 팔자가 되기를 간절히 소망한다. 이렇게 늦었으니 그만큼의 보상도 은근히 기대하면서 말이다. 오늘은 어릴 적 어르신들의 그 예언을 더 믿고 싶은 날이다.

아직도 늦지 않다

눈치가 보인다. 엊저녁 언약에 실금이 가는 심사를 어떻게 설명해야 할지. 빚쟁이에게 큰소리치듯 내일부터는 제대로 할 거라며 당당했건만 밤새 쪼그라들었다. 조삼모사해진 마음보는 곁눈질하며 변명거리를 찾는다.

입 떼기가 망설여진다. 기다려줄 만큼 기다렸고 참아주었으니 딱히 할 말이 없다. 기록지를 뒤적이며 애초의 협상에서 탕감해 준 것만으로도 내심 감지덕지해야 했다. 그 정도라면 할 수 있을 거라고 선뜻 받아들였고 더는 없다고 못을 박을 때만 해도 당연하다고 동의했다. 그럼에도 불구하고 몰염치한 아침의 속내를 무슨 수로 대변할 수 있으려나.

시작이 반이라는 말이 왜 생겼을까. 어떻게 시작이 반이 될까 싶었는데 이런 처사를 두고 나온 말인 줄 이제야 알겠다. 그 누구도 대신해 줄 수 없는 일이라면 스스로 해야 할 것이고, 지당한 줄 알았으면 군말 없이 따라야 하건만 변심한 마음을 설득하지 못하면 몽땅 도루묵이다. 아침과 저녁으로 요동치는 심보를 어떤 강수로 다스려야 할까. 어찌 보면 미련퉁이고 어찌 보면 고집퉁이다.

정상을 참작하더라도 오늘은 밀어붙여야 한다. 어제는 하루치보다 더해내느라 용을 쓴 줄 알고 있지만, 어제는 어제고 오늘은 오늘이다. 어저께가 오늘치를 분담할 수는 없다. 자고 났으니 새날이요, 새날이면 새롭게 제로에서 시작해야 하니 그 독촉은 마땅하다. 몸에 배지 않은 저항과 머릿속의 훈수가 오늘도 티격태격한다.

이래저래 둘러대봤자 이미 효력은 끝났다. 작심삼일이라도 해야 빌미가 있을 것이고 면목이 서지 않겠나. 아침을 맞이하는 엄숙한 의식을 치러야 하루가 편안하니 할 수 없이 집을 나서기로 마음을 다잡는다. 열두 번 요동치며 아옹거리다가 일단 집을 벗어나면 풍선에 바람 빠지듯 주저앉고, 코스를 다 돌고 나면 개선장군처럼 의기양양하고 산뜻한 기운까지 영접하게 된다.

인지심리학자인 비고츠키는 인간 행동의 발달을 본능으로 살아가는 시기, 관습으로 살아가는 시기, 이성으로 살아가는 시기, 자유의지로 살아가는 시기의 4단계로 나누었다. 그리고 본능과 관습을 이겨내고 이성적 판단이나 자유의지로 살아가기 위해 교육을 받는다고 설파하였다. 교육을 받을 만큼 받았고 나이도 들 만큼 든 시기지만, 아직 습성에 매여 주위를 살피는 수준이라면 어찌 대처해야 할까. 스물네 시간을 온전히 내 손에 쥔 지금도, 하루를 조목조목 배분하지도 순서를 정하지도 못한 채 두리번거리고 있으니 말이다.

사실 얼마 전만 해도 근사한 명분이 넘쳐났다. 이래서 어렵고 오늘은 이것 때문에 안되고…. 속내가 편하지는 않았지만, 패스할 구실은 충분했다. 내 세상이 되면 하고 싶었던 일들을 뭐든지 다 할 수 있을 거라 믿었고, 자유의 날개가 솟아나는 듯 겨드랑이가 가렵다고 허풍을 떨기도 했다.

건강검진 결과 메시지를 볼 때마다 '내일부터 꼭이다.' 하며 속 다짐을 수도 없이 해 온 것이 운동이다. 건강이 최고라는 말에는 당연하다며 맞장구를 쳤고, 운동에 시간을 먼저 할당하는 친구들을 부러워했다. 그러면서도 체력 맞춤형 지도부터 받아보라고 권유하는 친구에게 '코로나 끝나면….' 하며 얼버무렸고, 등산모임에 같이 가자는 권유조차 귓등으로 흘렸다. 집에서라도 운동하라며 보내온 홈트 영상을 따라 하다가 멋쩍어 그만두었다. 그러고 보니 그동안 간 큰 여자였다.

하루를 시작할 때면 빚부터 갚고 나머지를 분배하리라 다짐을 두었다. 주변에서 애석한 소식들이 들릴 때마다 내심 두려워했고, 이어지는 닦달에 '그러마.'고 순순히 응답하지 않았나. 몸에서 보내오는 낯선 신호에 놀라는 날에는 선심 쓰듯이 우선 할당했고, 만보계 앱에 저장된 이력을 검토하며 '걸음아 날 살려라.'라는 플래카드를 마음속에 걸기도 했다. 시간을 제대로 채운 몇 며칠은 내심 든든했고 보약을 먹은 듯 힘이 나는 것 같았다. 그렇게 인증서를 쥐었건만 그 리듬을 놓고 나면 다시 시작하기가 만만찮다.

죽어봐야 저승을 안다고 했던가. 큰일을 당하고 그때 비로소 후회하면 이미 늦다는 것을 모르지 않으면서, 유독 운동에는 미련을 부리며 아는 대로 실천하기가 쉽지 않다. 하다 말기를 반복하면서 심간까지 불편해지니, 차라리 누군가 나서서 내 시간을 참견하고 관리해주면 좋겠다는 생각마저 들 정도이다. 자신도 다스리지 못하면 그 무엇을 해낼까.

아직도 늦지 않다. 토닥거리는 심사를 읽었는지 집 앞산이 빙긋이 웃는다. 다행히도 하늘빛이 내 편인 듯하다. 만보계의 심기를 더 흐리지 않도록 일단 올해의 화두를 무실역행으로 삼았다.

지금 여기에

경기중계를 시작하는 아나운서의 멘트가 뜨겁다. 얼음판 위의 열기라…. 지금 여기의 소식을 전하는 그들은 한자리에 있지 않은 시청자를 경기장으로 끌어들여 그들만큼 기분을 끌어올리고 싶은 모양이다. 중계석의 의도가 아니더라도 우리 국민이라면 선수들이 그간 쏟은 노력과 시간에 충분히 응원하고 싶을 것이다. 발 빠르게 합류한 응원꾼들은 장단 맞춰 '지금 여기에'라는 구호를 외치며 경기장의 파이팅을 전한다.

응원석의 요란한 함성이 단순히 '여기에서 열리는 경기를 좀 봐주세요.'는 아닐 것이다. '지금 여기'를 위해 숱한 날을 모가 닳도록 준비해왔던 선수들에게 함께 응원하자는 청이 포함되어 있다. 의식에 합류하여 경기를 보며 혹시라도 실수할까 봐 조마조마해진다.

출전 선수들은 '지금 여기'를 향해 말할 수 없을 만큼 닦고 조이며 기름 쳤던 시공간을 건너왔다. 한계에 부딪혀 절망하며 더 나은 기록을 위해 무진장 다그쳤을 그들이다. 그러니 모두가 최선을 다한 만큼 좋은 결과를 기대하고 있겠지만 이후 경기가 어떻게 펼쳐질지는 아무도 알 수 없다. '노력 없이 성취할 수 없다지만 노력한 만큼이라도 좋은 성과를 거두었으면' 하는 생각을 하다가 난데없이 어떤 모습으로 변해갈지 알 수 없는 내 엄마의 '지금 여기'가 클로즈업된다.

엄마는 몇 년 전부터 머릿속 지우개와 함께 살아가고 있다. 그 속도를 늦추기 위해 현대의학에 의지하고 있으나, 보름달이 그믐달로 삭아가듯이 엄마의 산전수전은 점점 흐려지고 사그라진다. 과거의 영상이 통째 지워지기도 하고 가물가물 묽어지기도 하나, 지금 가장 힘든 것은 전혀 다른 두 기억이 포개지는 것이다. 자신의 착각을 사실이라 주장할 때면 바르게 고치려 우기기보다 입을 다물어야 한다.

엄마에겐 오직 '지금 여기에'만 의미가 있다. 눈앞의 현재만 존재하여 겨우 몇 개의 단어로 대화를 이어간다. 오래되지 않은 사실들이 먼 과거보다 더 물러졌고, 날마다 반복하는 행동이나 말조차 헷갈릴 때면, 내 가슴에 겨울바람이 훑고 간다. 생전 보지 못한 모습인데 자신은 의식이 없으니 어찌 대응하면 좋을지 막막하다. '지금 여기'는 남은 날 중에서 가장 괜찮은 날이니 어떤 상황이 다가올지 두렵기도 하다.

엄마는 점점 침잠해간다. 그나마 흡족했던 기억을 불러내거나 즐거웠던 날을 상기시키려고 이런저런 이벤트를 하곤 하나 그 순간일 뿐이다. 맛집에서 배고팠던 내 유년 시절을 들추며 먹거리가 지천으로 널린 세상이 되었다고 호들갑을 떨어도 무덤덤하다. 친척이나 고향을 방문하여 그들과의 연결 고리를 찾아주려 수다를 피워 봐도 별반 동요하지 않는다.

열정이 줄어들고 호불호가 없어져 보살의 경지에 도달했을까?

흐려진 기억력을 스스로 알아차려 자구책이 생겼는지, 어느 때부턴지 단정적으로 말하지 않고 되묻거나 추측하는 말투로 바뀌었다. 그러면서 타인이나 주변에 관한 관심도 함께 무디어졌다. 원래 잘 관여하지 않는 성격 탓도 있지만, 자신에게 직접 건네는 말이 아니면 나서지 않을뿐더러 알려고도 하지 않고 말수도 점점 줄어든다. 장작이 열기를 소진하고 회색 재로 남듯이 엄마의 시간 속 에너지는 차츰 잦아들고 있다.

미래에 관한 생각의 문은 더 닫혔다. 흔히 비슷한 연배의 어르신들이 입버릇처럼 말하는 떠나갈 준비를 하지 않는 것은 그나마 다행이라면 다행이다. 쭈그러진 풍선처럼 시간을 분별하는 탱탱함도 놓았고 공간을 가늠하는 경계조차 허물었기에 미래는 더 관심 밖이 되었는지 모른다. 무기력해지는 상황을 안타까워해 본들 어쩔 수 없음에 지난 인고의 시간을 건너듯이 묵묵히 견디고 있는 것일까.

부모는 지금 여기에서조차 오로지 자식을 걱정하고, 자식은 지금 여기에까지 날갯짓의 불편에 투정을 부리곤 한다. 아침 출근길에 전화를 드리면, 내 음성을 확인한 엄마의 첫 멘트는 언제나 “밥

묵었나?"이다. 어느 순간 이후로 고정되어버린 똑같은 멘트이지만, 그때마다 내 속은 찌릿찌릿해진다. 어제도 지워지고 내일도 바라볼 수 없이 오직 지금 여기에만 통하는 지경에도 끼니 거르고 다닐 자식 걱정은 놓이지 않는 모양이다.

나의 지난 시간을 돌아본다. 힘에 부치는 줄도 모른 채, 내 욕심껏 살 수 있었던 것은 두말할 필요조차 없이 엄마의 뒷바라지 덕분이었다. 나의 적지 않은 경험과 모자라지 않는 호사는 엄마의 노력과 에너지의 결정체이다. 오로지 자식의 '내일 거기에'를 위해 살았을 엄마의 시간에 눈가가 아릿해진다.

흔히들 '지금 여기에'에 최선을 다하라고 한다. 연습이 없는 삶에서 나에게 허락된 엄마와의 시간이 줄어들 것이라, 엄마가 떠난 후 덜 후회하려면 지금 여기에 내 에너지를 더 보태야 한다. 다시 마음을 조인다.

습아~ 놓아줄래

한 달은 길다면 길고 짧다면 짧은 시간이다. 근래에는 일주일이 휙 지나가고 한 달도 금방 지나는 것처럼 느껴진다. 반복되는 일과에 작심하고 하루를 채우다 보면 하루에도 요것조것 해낼 수 있으니 시간의 흐름은 가늠하기 나름일까.

날짜는 알지만, 날짜의 흐름을 헤아리지 못한 지 꽤 되었다. 밀레니엄을 맞이하면서 법석을 피웠던 일이 벌써 이십 년이 훌쩍 지났다. 언제부터인지 새해를 맞이하는 날조차 무덤덤해졌다. 새로운 것은 마음이 새로울 때 가능하다는 말을 듣고 신년 계획을 세워봐도 작심삼일 안에 주저앉는다. 세월의 흐름이 와닿는 잠시 안타까워할 뿐, 금방 하던 장단에 복귀하니 궁색한 변명이라도 찾아야 할 판이다. 내 눈에 보이는 남들의 속도를 내 눈에 보이지 않는 나에게 적용하려니 그런가 하며 장벽을 친다.

왜 남 따라 살아야 했을까. 긴긴 세월 동안 남의 눈치를 살피며 조직문화에서 이탈하지 않으려 용을 썼다. 몸에 밴 탓인지 무의식적으로 매너모드로 위조하고 가면을 써 왔다. 이젠 그러지 않아도 될 건데, 자신을 포장하는 순간을 알아차릴 때면 씁쓸해진다.

조직에서 해방되면 무엇을 할까. 몇 달째 자문해도 자답이 신통찮다. 마치 목줄에 매인 산짐승이 야성을 잃어 줄을 풀어줘도 우물쭈물하며 어찌할 바를 모르는 상태 같다. 자승자박에 묶인 타성을 풀지 않으면 자유를 얻어도 날아가지 못하는 새처럼 오종종하게 살 것 같다. 긴긴 세월에 묻은 습성을 간추려 자유롭게 유영할 방법도 찾아야 겠건만. 변환을 기대하면서 어이없게도 마음 한쪽은 변화를 두려워하고 은근히 그 틀에 안주하려는 것은 또 무슨 조화인지 모르겠다.

새로운 시각에서 지인들을 유심히 살펴본다. 어제는 병원, 오늘은 시장, 내일은 모임 식으로 하루에 한 가지씩 하고 멈춘다. 여유인지 습성인지 알 수 없으나 시간이 아깝기도 했고 오지랖 넓게 걱정되기도 했다. 주변 눈치 볼 것 없이 넉넉하게 자기식대로 사는 모습이 신기할 따름이었다.

한 달이면 될까. 얼마쯤이면 구습을 고칠 수 있을까. 조직의 한 세포로서 충실했던 마인드를 자신에게로 돌릴 수 있으려나. 시간에 얽매이고 오로지 무탈한 일상에 열중하던 습에서 놓여나고 싶다. 묵은 때를 벗기듯 지난 시간의 때를 벗겨내려고 사람들에게서 일단 떠나보려고 마음먹었다. 오롯이 혼자만의 공간에서 혼자만의 시간이면 숙변처럼 몸에 들러붙어 있는 것들을 털어낼 수 있으려나.

강원도 산속 시설에 들어갔다. 일면식도 없는 사람들 사이에서 주변의 눈치 볼 것도 없고 아무런 걸림이 없는 공간이면 자신에게 의식이 머물 것이고 묵은지처럼 내면에 직조된 틀을 살필 수 있을 듯하다. 나를 위해 해야 할 일은 무엇일까. 우선 내가 버리고 정리해야 할 것들을 찾아내면 나를 위해 채우고 챙겨야 할 시간을 늘려

지려나. 누군가는 인생이 그냥 흘러가는 것이 아니라 비우고 채우는 과정이라 하지 않았나.

인터넷이 차단된 곳이다. 애연가의 금단현상처럼 며칠 동안 무의식적으로 휴대전화를 만지작거린다. 어느새 나를 지배하다시피 옭아맨 세상이 자꾸 나를 부른다. 탁 알아차리고 '습아, 놓아줄래?' 하며 창밖에 시선을 옮기지만 금방 휴대전화에 손이 간다. 바깥세상의 시계가 궁금하고 지난 시간의 파노라마에 끌려간다. 말할 수 없는 불안과 허전함이 방안을 맴돈다.

나뭇잎을 날리는 나무를 보며 지나온 시간을 훑는다. 살아가는 방편을 위해 내 의식은 늘 바깥에 머무느라 내면의 소리를 외면해야만 했다. 아무리 남과 어울려 살아가는 것이 중요하다 해도 그렇지, 남의 의중을 먼저 짐작하고 행동해온 해묵은 내 모습이 낯설다. 명분을 위한답시고 언제나 내 욕구는 하찮은 것이었고 무시해도 무방했다. 세상은 내가 있어야 존재한다. 세상의 가치는 내가 존재할 때 성립한다. 사람 사이에서 관계를 위해 봉사하고 헌신하는 것도 내가 온전할 때의 일일 뿐이다. 내가 그 조직에 속하지 않는다는 것은 나에게 무의미할 수밖에 없다.

배움의 궁극적인 목적은 자기가 이 세계에서 어떻게 살다 갈 것인가를 알고 그것을 수행하는 일에 있단다. 세상의 이치를 알지 못하니 남의 삶을 모방하기 위해 배우고 흉내 내느라 정작 내가 무엇을 원하는지 어떤 삶을 살고 싶은지는 관심 밖이었다. 본보기를 정해놓고 추종하느라 자신을 억압하고 다그치며 안간힘을 썼을 것이다. 수십 년 동안 변함없는 마음으로 애쓴 수고로움이 남들 눈에는 그럴싸해 보였을 수도 있으나 스스로 좋은 점수를 줄 수 없는 것은 무슨 조화일까. 이제 나는 어떤 삶을 살고 싶은가에 대한 대답을 준비해야 한다. 부끄럽지만, 육십 고개를 훌쩍 넘어선 지금, 홀로 있는 지금에도 그 대답은 여전히 궁색하다.

타이밍

그때 바로 움직였어야 했다. 하늘은 갑자기 꾸리무리해지고 두 차례 천둥까지 치며 경고음을 날렸는데…. 예고를 알아듣지 못하고 어정거리다 낭패를 당했다. 일기예보를 들먹이며 설마설마 하며 꾸물거린 대가를 톡톡히 치렀다.

하늘이 화났다. 산속에서 당하는 일인지라 겁도 났다. 잠시 똑똑 내리던 빗방울이 합세하여 후드득거리더니 삽시간에 쏟아진다.

어디로 피해야 할지 두리번거리며 큰 바위 밑이라도 잠시 숨을 수 있는지 살핀다. 급박해진 상황에서 이리저리 허둥대도 주변에 비를 피할만 한 곳이 없다. 이미 옷은 젖기 시작했고 빗소리는 굵어진다. 올라왔던 길이 없어진 산속에서 무탈하게 내려가야겠다는 조바심이 든다.

쏟아붓듯 내린 비는 새 물길을 만들고 부랑스러운 소리를 더하며 흘러간다. 깔고 앉았던 돗자리를 덮어쓰고 발 디딜 자리를 찾으며 어서 내려오고픈 마음을 가눈다. 더위를 식히느라 계곡에 찾아든, 나와 처지가 같은 사람들의 행색을 살피며 더 불안해지는 마음을 추스른다. 몇 걸음 옮기지도 않은 데 신발에 물이 찼고 계곡의 징검돌도 물속에 빠져든다. 순간의 잘못된 판단으로 위험 수위가 높아간다.

등산객들이 갑작스러운 폭우로 고립되었다가 구조대의 도움으로 간신히 내려왔다는 뉴스를 심심찮게 보면서 사람들의 만용을 비아냥거렸던 나였다. 미리 철수하지 뭐 한다고 위기 상황까지 갔을지 답답해하며 은근히 궁금해지기도 했다. 남의 일일 때는 강 건너 불구경이었던 상황이 나의 현실이 되었다.

옛말에 소나기는 피해 가라 했지만 피할 장소가 없으니 정면 대결하듯이 창대 비를 맞으며 내려온다. 산에서 쫓겨나다시피 하산하는 사람 중에는 비상사태를 대비하여 비옷을 준비한 사람도 있고 우산을 쓴 사람도 더러 있는데 준비성 없는 나는 따라지신세가 되고 말았다.

주말이면 산에 간다. 어느 날부터 말로써 표현 불가한 산이 주는 기운에 매료되었다. 게으름과 핑계로 약간의 망설임이 있을 때도 있지만 일단 산에 오르기만 하면 일주일 동안 쌓인 피로감을 풀기에 충분하다. 산속은 같은 장소라도 같은 적이 없다. 시시때때로 변하는 숲의 전경뿐 아니라 숲의 소리, 숲의 향기를 마음 보따리 가득 채우는 것이나 몸이 가뿐해지고 가슴속이 후련해지는 것은 온몸으로 느끼는 것이지 어떻게 표현하거나 전달할 수 있는 것이 못 된다.

흔히 인생은 타이밍이라 한다. 타이밍은 신호를 포착하는 것이다. 운 좋게 찾아오는 것이 아니라 자신이 의식하는 것이고 그 순간의 선택지에 따라 결과가 크게 변할 수 있다. 일상에서 사소한 일이라도 제때를 알고 그 순간을 붙잡고 결정하기는 쉽지 않다. 대개 늘 하던 대로 하려는 습성이 행동을 통제하고, 새로운 일에 관해 부담

반으로 어제가 오늘을 끌고 가기 십상이기 때문이다. 오늘 뭉그적거리며 타이밍을 놓친 나에게 퍼부은 소나기 세례처럼 적시타를 노려야 한다.

다니엘 핑크의 《언제 할 것인가》의 책에는 시기의 중요성을 강조하는 말이 나온다. 우리는 종종 '무엇'의 영역에서 해결책을 찾으려 한다. 무엇이 잘못되었을까. 무엇을 잘할 수 있을까. 무엇을 도울 수 있을까. 그러나 정작 중요한 해답은 '언제'에 숨어 있다고 그는 강조하고 있다. 어느 타임에 끼어들고 어느 타임에 빠질 것인가에 예민하게 처신하는 사람들 주변에는 사람이 많고 관계망이 넓다고 하였다.

몇 년 전 유명 전자 제품 회사는 광고 문구로 '순간의 선택이 10년을 좌우한다.'를 썼다. 제품의 고유기능을 일일이 알지 못하는 소비자는 미려한 외부 디자인이나 매스컴에서 자주 본 제품을 선택하게 된다. 그 심리적 습성에 일침을 가하는 듯한 카피로 우리의 의식을 돌아보게 한다. 날마다 나름의 판단으로 살아가는 우리는 지난 후 후회하기도 하고 놓친 아쉬움에 기어이 다시 돌아가기도 한다. 순간의 선택이 10년이 아니라 평생을 좌우할 수도 있겠다. 타이밍을 잘 맞추는 것이 지혜롭게 사는 방법인데 그 순간을 간파하는 일이 쉽지 않은 것도 사실이다.

꾸물거리다 타이밍을 놓친 오늘처럼 눈치 없이 살았다. 한참을 살고 보니 살아가는데 중요한 것이 뭔지 알 듯하다. 사람들과 만나 이야기를 나누다 맞장구치며 끼어들 찬스를 잡지 못해 후회할 때가 더러 있었다. 고맙고 칭찬할 상황에서도 말 부조 한마디를 못 해 마음을 소원하게 했던 때나 뭔가 메시지를 받았음에도 어정거리다 땅을 친 일도 부지기수이다. 일상에도 유통기한이 있다.

시월의 마지막 밤

시월의 마지막 밤이다. 뭔가 세리머니를 해야 할 듯, 언제부터인지 하고많은 밤 중에서 오늘 밤에 더 집착한다. 끼리끼리 모여 밥이라도 먹으며 수다를 떨어야 할 것 같고 술이라도 한잔 걸쳐 뱃심을 키워야 할까 보다. 그 어느 달의 마지막 날도 배웅 없이 보냈건만 낮부터 소중한 뭔가를 놓친 듯이 아쉽고 허전하다.

산속에서 혼자 맞이하는 이 밤이 쓸쓸하지 않다. 여느 해와는 달리 겨울을 감지한 숲의 월동준비를 바로 코앞에서 살피는 중이다. 어둑어둑 밤이 깔리자 창밖에는 가을비가 세레나데를 연주하고 나는 귀를 세워 빗소리를 영접한다. 버티고 있는 떡갈나무 잎에 후드득거리는 밤비는 마치 겨울로 가는 길을 안내하는 듯하고, 나는 성대한 의식에 초대받은 손님 같다. 어쨌든 나는 지금 과분한 대접을 받고 있다.

밤은 낮을 평정한다. 낮의 열기와 감정을 누그러뜨려 새날을 새롭게 맞이하게 한다. 그래서 밤은 오감을 닫으며 내 속에 스며든 것들을 다독이는 시간이다. 마치 낮에 노느라 흐트러진 장난감을 제자리에 정리하듯이, 활짝 열린 감각을 차분하게 제 위치에 찾아놓는다. 밤이 주는 편안하고 포근한 품속이 있어 다시 살아가는 힘을 채울 수 있다는 사실이 오늘 밤에 더 선명해진다.

숲은 오늘 밤비로 평정될 게다. 하루만 더, 하루만 더 하며 나뭇가지에 남아 있는 단풍잎에 신데렐라의 시간을 알려주어야 하고, 이미 땅바닥을 뒹구는 이파리들엔 돌아가는 자연의 섭리를 가르쳐야 할 때이다. 잎이 지면 뿌리로 돌아간다고 했으니 다시 흙이 되고 거름이 되는 길을 알려야 한다. 숲 생명체들에게도 겨울맞이를 재촉

해야 하니 오늘 밤비는 무척 바쁘겠다.

빗소리는 나에게도 묻는다. 며칠 후면 집으로 돌아가야 하는데 입산할 때 마음먹은 일들을 궁금해한다. 빗발이 점잖아지고 바람 소리조차 잠드는 산속의 밤이 깊어 가는 시간에도 아직 응답을 못 챙기고 있다. 아이스크림을 처음 만났을 때 아까워서 감히 먹지 못했던 기억처럼 산속에서의 한정된 시간을 아껴 쓰느라 패턴을 만들고 그대로 채웠는데도 말이다. 나의 이 가을 시간은 더 헤펐다.

처음 며칠간은 낯선 산속을 헤집고 다녔다. 쭉쭉 뻗어 풍채 좋은 나무들 사이로, 보잘것없은 잡목들이 들어선 숲속을 거닐며 내 깜냥을 쟀다. 산이 주는 푸근함에다 관계에서 멀어진 홀가분한 기분에 취해 당단풍처럼 하루하루를 바림질했다. 누가 부르는 듯이 바삐 산책로를 누빌 땐 아무 생각이 나지 않았다. 숲속 생명체들의 소리조차 잦아드는 때, 숲이 품어주는 편안함에 넋을 놓고 퍼져 있다가 명상에 잠기는 척 호사도 누렸다. 꿈인지 생시인지 아름아름했다.

며칠 지나자 숲속의 주인처럼 어기적거리게 되었다. 하루가 다르게 수척해가는 숲이 눈에 보였다. 잎이 마르고 떨어지느라 바쁜 작엽이 눈에 들어왔고 겨울맞이 준비를 재촉하는 숲속 작은 생명의 움직임이 살펴졌다. 이제 겨우 엄숙한 자연의 섭리를 체감한 모양이다. 여태껏 머리로만 알고 있었던 순환고리를 눈으로 확인하는 시간이었다. 그래서 그 끝자락인 오늘 밤이 어설픈가 보다.

계절이 일러주듯이 시간의 흐름에는 변화가 내포되어 있다. 변곡점을 넌지시 암시하며 내가 방향과 속도를 가늠하길 기대했을 것이다. 변하려면 방향을 제대로 잡는 일이 중요할진대, 사방팔방에 허둥거리느라 준엄한 메시지까지 외면해 왔다. 익숙한 대로 하루를 채우는 일에 만족하는 나를 위하여 오늘 밤만은 밝아지지 않았으면 좋겠다는 엉뚱한 생각이 나선다.

낙엽이 흙으로 돌아가듯이 언젠가 나 또한 그러하리라. 기정사실을 위하여 지금 채워야 할 순리를 찾는다. 살아가는 것. 살아있다는 것. 살아진다는 것을 구분해본다. 나에게 살아가는 것은 나를 생각하기보다는 일과 관계를 우선하여 '오늘'에 집중한 시간이었다면, 살아있다는 것은 죽지 않았다는 것이고 죽음을 대비하여 나를 세상의 중심에 두고 나로 인한 가치들을 키워야 할 때, 살아진다는 것은 나보다 주변의 욕구에 관심에 두어 어울리는 데 집중하는 모습이지 않을까 싶다.

오늘 밤은 가을날의 여흥을 소진해야 한다. 자연의 시계에 따라 침묵의 시간을 맞이해야 할 시점이다. 이 시간까지 제 보금자리를 찾지 못한 채, 빗속에서 찍찍거리는 새소리가 나를 부른다.

출구가 보인다

터널 앞이다. 차들은 입구에 도착한 순서대로 터널에 진입한다. 나 또한 당연히 출구가 있을 거라고 믿기에 앞이 잘 보이지 않는 터널 속으로 주저하지 않고 들어간다. 오늘 터널 안은 더 어둡고 침침하다. 앞차 후방등의 붉은 불빛에 의존하여 따라가는 터널 속에는 속도를 늦추라, 차선 변경을 하지 마라 등의 경고성 문구가 군데군데 점멸하며 운전자의 주의를 환기시킨다.

오늘따라 터널을 어서 통과하고 싶다. 바깥세상에 있던 눈이 재바르게 적응이 안 되는지 터널 속의 음습한 분위기가 오감을 긴장시킨다. 그래서인지 쫓기는 사람처럼 조급해지며 갑갑한 마음이 차오른다. 마음이 바쁘니 무의식중에 가속페달을 밟으려 하나 앞차 행렬은 더 꾸물거리는 듯하다.

무슨 사고라도 생겼을까. 앞차처럼 꼼짝없이 브레이크를 밟고 뒤차에 빨간 등을 전달하며 차가 움직이기를 기다려야 할 판이다. 움직이지도 않는 차를 향해 터널 속의 속도제어장치는 "안전 운전, 안전 운전" 하며 급박한 경고음을 쏟아낸다. 위협적인 멘트로 바쁠수록 둘러 가라 했거늘, 마치 조급증을 내는 나를 타박하는 듯하다. 남은 터널 길이를 가늠해보는데 옛날 시내버스마다 운전석 머리 위에 걸렸던 '오늘도 무사히' 그림이 떠오른다.

터널 속에서 머무적거리는 동안 문득 나에게 주어졌던 터널들이 떠올랐다. 어쩌면 길고 짧은 터널들은 내가 몰랐을 뿐 이미 예정되어 있었을 것이다. 돌아갈 수 없고, 연습도 없는 일방통행 길이었다. 어두컴컴한 통로 속에서 어슴푸레 보이는 출구를 향해 나아가려 했을 것이고, 우묵하게 패인 바닥에 걸려 뒤뚱거렸을 것이며, 볼 록하게 솟은 지점에서는 나자빠져 주저앉아 있기도 했을 것이다. 그 순간에는 시간이 지나야 통과할 수 있다는 사실조차 알아차리지 못한 채 벗어나고 싶은 생각만 굴뚝같이 키웠을 것이고, 주변을 원망하기도 했을 것이다. 지나고 나서야 지나온 터널 속의 잔상이 보인다.

삶은 작은 터널의 연속이다. 햇빛이 비치는가 하면 비가 추적거리는 장마철처럼 의식조차 못 하는 동안 안과 밖을 넘나들었다. 터널 속인가 하면 벗어나 있고 벗어난 홀가분함을 느낄 틈도 없이 터널이 이어지기도 했다. 길이가 길어도 덜 답답한 날도 있었겠지만 얼마 안 되는 굴속에서도 안달복달할 때도 허다했다.

아동문학가 사노 요코는 그림책 ≪태어난 아이≫에서 '태어나고 싶지 않아서 태어나지 않은 아이'가 마침내 '태어난 아이'가 되어 삶으로 뛰어드는 이야기를 그렸다. 흔히 출생이 자신의 의지와 관계없다는 인식과는 달리, 저자는 생명을 받는 것은 자기가 결정한다는 가정하에서 출발한다. 주인공은 태어나서 감당해야 할 터널들이 두려워 태어나기를 망설였고 태어나지 않은 상태에서는 그 누구와도, 어떤 상황에서도 호불호가 없는 감정의 백지상태에서 지낸다. 그러다가 우연히 보게 된 태어난 또래 아이가 누리는 엄마와의 애착 관계가 부러워 태어나기로 작정한다. 아이는 '태어난다는 것', '살아있다는 것'은 배가 고프고, 사자가 나타나면 놀라고, 모기가 물면 가렵고, 개한테 물리면 아파서 엉엉 우는 사소한 고통을 참고 견뎌야 한다고 믿는다. 지은이는 행복과 불행은 삶의 기준이 될 수 없으며 태어남으로 사람과의 관계가 엮어지는 것이므로 태어난 자만이 감정을 느낄 수 있음을 강조한다. 우리가 느끼는 모든 감각, 모든 감정은 태어났고 살아있기에 느끼는 것이란다. 자신이 태어나기로 선택했기 때문에 삶의 과정에 장착된 고통의 터널을 지나야 한다는 것이다. 또한 ≪태어난 아이≫는 생명체로 살아가는 동안 겪게 되는 고통보다 따뜻한 관계에 더 끌려가야 한다는 메시지를 전한다. 이 책을 읽는 동안 '살아있다는 것'이 진정 무엇이어야 할지 궁금해졌다.

이 책을 보기 전 나는 태어나고 싶었는지 아닌지에 대해 한 번도 생각해 본 적이 없다. 자발적으로 태어났다는 인식을 일찍이 가졌더라면 내 삶의 터널에서 오늘처럼 답답해하지 않았을 수도 있을 텐데…. 주변에 따뜻한 체온 나누기에도 덜 인색했을 것이며 내 터널에 장치된 경고 메시지를 곱씹을 수 있었을 것이다.

돌아보니 나의 터널에도 굽이굽이 경고장이 숨겨져 있었다. 어두컴컴한 기운에 압도되어 옴짝달싹 못 하고 우두커니 서 있던 날도 많았다. 몇 군데는 모멘트도 주어졌고 군데군데 나들목과 갈림길도 있었다. 긴긴 시간의 터널에는 기쁘고 즐거웠던 기억보다 아리고 쓰린 기억들이 더 깊이 새겨져 있다. 그 당시에는 힘에 부치고 버거워 안절부절못했던 일들이 지금 생각해 보면 오히려 한 발짝 더 나아가도록 힘을 실어준 듯하다.

입구가 있으면 출구가 있다. 내가 원했으니 태어났고 태어났으니 엄연히 노하고 병하여 사하는 고통과 번뇌의 수순을 밟아가야 한다. 그 와중에 덤으로 주어지는 경고 문구나 경고음을 주시하며 출구를 향해 나아간다. 터널 속의 어둠이 전신을 휘감는다고 해도 터널밖에 한 줌의 햇살을 만나려면 통과할 수밖에 없지 않은가.

출구가 보인다. 이젠 어떤 터널이 기다리고 있을까. 터널 속의 또 다른 경고 문구들이 나를 옥죄겠지만 그 해프닝을 발바닥에 굳은살 배이듯이 통과의례쯤으로 보는 날이 올까. 나의 행보를 불안해하는 그 경고음들에게 "그래~ 그래, 알았어." 하며 천연덕스럽게 손들어 줄 날이 있으면 좋으련만, 아직은 깡깡 멀었다.

2박 3일이면 족하다

매미 소리가 와르르 쏟아진다. 누군가 앞장서면 일제히 동참하며 소리를 점점 키워간다. 합창에 끼여 제 몫을 다하려는 그들은 수년을 땅속에서 기다려왔단다. 불과 일주일 남짓한 삶이 주어진다는 것을 알았을까. 생명을 얻은 순간부터 주어진 행로에 따라 준비하고 탈피하며 순응했던 것은 끝을 먼저 보았을지도 모른다.

사람의 삶이라고 매미와 다를까. 사람 몸을 받기 위해 준비한 시간과 기다림은 알 수 없다. 얼마나 기다려야 세상에 태어날 수 있을까. 그리고 얻은 생명으로 주어진 시간까지 꾸려갈 뿐이다. 생명을 얻는 것보다 주어진 생명을 꾸려가는 것이 더 중요하겠지만, 그 또한 자신의 의지대로 되지 않고 역할놀이로 기우뚱거릴 따름이다. 연세 지긋한 어르신들은 삶을 돌아보며 "잠시다. 잠시 살다 간다."라는 넋두리를 자주 한다. 시곗바늘은 언제나 같은 속도이고 그사이 무한한 시간이 지나간다. 지금 허락된 이 시간이 얼마나 중요한지 의식해도 그때뿐이고 습성대로 흘러갈 뿐이다.

매미 소리가 자지러지는 때를 택해 먼 길 나선 집안 어른이 계신다. 매미처럼 적지 않은 시간으로 자신의 터전을 다졌고 어떤 상황에서도 꿋꿋하게 견디며 '최선'을 모토로 주어진 임무를 해냈다. 그러나 우화 후 얼마 되지 않는 삶을 예견한 매미와는 달리 인생의 피날레를 위한 시간을 예비하지 못했다. 서둘러 떠날 길인 줄 알았던지 집안 어른 축에 들지 않는 위치에서도 주변을 챙기는 일이나 진인사盡人事하고 대천명待天命하는 마음 씀씀이가 어른다운 어른이었다.

말 한마디 남기지 않고 홀연히 떠나셨다. 갑작스러운 비보에 넋을 놓은 자식들은 어리둥절하다가 먹먹하게 굳어지기를 반복하면서 조문객을 맞으며 절차를 따라갈 뿐이다. 받아들이기 버거워도 부모의 운명殞命을 내 운명運命으로 수용하지 않을 수 없다. 막내로 태어나서 조실부모하고 혼자서 버텨낸 세월이 생각나고, 갖은 고생 끝에 자수성가한 고인의 삶을 생각해 낸 혈족들의 넋두리가 굽이굽이 쏟아져 나온다. 엄숙한 장례식장에는 형제들이 문득문득 토해내는 절절한 한탄과 한 맺힌 울음이 낭자하다.

영정사진 앞에 앉았다. 예고된 이별이 아니기에 억장이 무너지는 나와는 달리 순순히 받아들인 듯 편안해 보인다. 고개를 숙인 채 그동안의 인연을 훑는다. 마치 평소의 언행이 유언인 듯, 아직도 쟁쟁하게 들리는 무언의 음성과 훤히 보이는 표정들에 무어라 변명이라도 드려야 할 것 같다. 어려울 때마다 꼭꼭 챙겨주셨기에 울타리같이 든든했는데 자주 찾아뵙지도 못하고 감사하다는 말 한마디조차 제대로 못 나눈 나의 처사가 답답해진다. 철드는 날을 기다려주지 않고 홀연히 떠나시며 가르침을 주시려 했을까. 무슨 바쁜 일로 그리 갑자기 가셨는지 궁금하고 무슨 말이라도 더 듣고 싶은 마음에 고개를 들고 빤히 쳐다본다. 빙긋이 웃으며 내 이름을 부르는 음성이 선연하게 들린다.

이제야 삶을 반추하는 시간이다. 사망 선고 후 육체에 남은 생명력과 에너지를 모조리 소진해야 한다. 세상에서 왈가왈부했던 힘을 남김없이 졸여서 제로로 만들어야 한다. 이제껏 목숨보다 더 소중하게 쥐었던 세상의 이력은 아무 소용이 없어졌고 그저 두고 가야 할 허망한 쓰레기에 불과하다. 아무개가 어찌 살았는지는 자신에게 귀중할 뿐 남은 자의 뇌리에서 사그라질 것이다.

2박 3일이면 한 삶은 완벽하게 종료된다. 삶의 길이와는 관계없이 마무리는 다르지 않다. 사람과의 관계는 물론이고 삼라만상과 연緣조차 마침표를 찍어야 한다. 애틋한 배웅을 끝으로 그간 뻗어나간 연줄을 원점으로 불러들이고 먼지 한 톨 남길 수 없는 엄숙한 시간이다. 영정사진 한 장 속에 살아온 내력과 사연을 응축시키고 거두어들여야 한다. 돌아올 수 없는 여행을 나서니, 준비는 필요 없고, 미련 없이 사라지는 마무리에 역행할 따름이다.

삶은 죽음이 있기에 의미 있는 시간이다. 자신의 존재를 살피며 어디에서 왔는지, 어떻게 살아야 하는지도 모른 채, 한정된 시간을 머물다가 지수화풍으로 환원된다. 바람처럼 물처럼 티끌 되어 사라지게 하는 힘은 무엇일까. 어찌어찌 살아야 한다는 정답은 없다. 지금껏 오늘보다 더 나은 내일을 위해 무던히 참고 견디는 것이 최선이라 믿었기에 마지막 2박 3일조차 떠나기 위한 준비보다 남겨질 인연을 애달파 할지도 모른다.

세상살이는 내가 있을 때 의미가 있다. 세간과의 인연을 다한 종점에서 망자는 무엇을 생각하고 무엇을 알려주고 싶을까. 정분도 나에게서 나가 나에게로 돌아온다. 그러고 보니 나 또한 때를 알고 주어진 것들을 누리기보다는 지난 뒤에 후회하는 꼭두각시놀음만 하다 가야 할 것 같다.

돌아가는 길

한 바퀴 돈다. 언제부터인지 점심 식사 후에 산책을 나선다. 어쩌다 생략한 날에는 속이 더부룩하며 몸이 못마땅하다는 신호를 보내니 비가 오나 눈이 오나 나서서 한 바퀴 도는 일이 이제 일상이 되었다.

출발 기점이 확연하니 도착점도 분명하다. 나는 지금 서둘러 가야 할 목표 지점도 없고 돌아서야 할 반환점도 없이 한 바퀴 돌면 된다. 그러니 어디쯤이 중간인지 알려고 하지도 않고 알 필요도 없다. 눈은 시시때때로 변하는 공원길의 초목을 살피느라 바쁘고 두 다리는 자동화된 프로그램처럼 원위치로 회귀하고 있다. 길을 걷는 동안 변하지 않는 것이 없다는 사실을 수긍하면서 내심 변하지 않아야 한다는 집착에 걸린 자신을 보곤 한다.

오늘은 역방향으로 걸어봤다. 늘 돌던 길인데 보이는 그 풍경은 같지 않다. 언제나 그 자리에 있는 나무와 꽃이 새롭고 낯설기도 하다. 어제 보았던 꽃인데 멈춰서서 한참 들여다본다. 길에 익숙하여 당연하게 보였던 꽃과 나무가 생소하니 나의 관심과 무관심이 들여다보인다.

누군가가 말하지 않았나. 보이는 대로 보지 않으면 보고 싶은 대로 본다고 말이다. 주변이 변하고 꽃이 피건 말건 내 관심사가 아니면 무심할 수밖에 없다는 말일 게다. 그 말에 한마디 보태자면, 보이는 것조차 그 각도와 높이에서 잠깐 보이는 것이 전부다. 그 앵글을 벗어나면 안보이고 그 순간이 지나면 사라지기도 하니까.

주변 사람과의 관계도 마찬가지일 거다. 눈앞에 보이는 길을 따라가느라 옆에 누가 손짓하는지 관심이 없다. 생각에 빠져있는 동안

옆에서 굿을 해도 모른다는 말은 나를 보고 생겨난 말일 듯하다. 순전히 내 감정에 매몰되어 타인의 입장을 읽을 수 없었던 새파랗게 젊은 여자가 배시시 웃는다. 그러니 "당신도 나이 들어 봐라."라는 말이 나왔겠지.

어느새 고갯마루를 넘어섰다. 속도도 방향도 조절할 수 없는 사이에 지나치고 말았다. 고갯마루에 올랐을 때 꼭 보았어야 할 것들은 벌써 놓쳤고, 이미 나 있는 길을 따라 내려가는데도 시야를 두루 살피지 못한다. 고은 시인의 유명한 시 〈그 꽃〉처럼 올라갈 때 못 본 꽃일지언정 내려올 때라도 볼 수 있으면 다행일 텐데.

나이 드는 데 채워야 할 요목들에 대해 분분하다. 장수에 관심이 있는 시대니만큼 건강을 위한 제안들이 넘쳐난다. 대니얼 J. 레비틴이 쓴 베스트셀러 ≪석세스 에이징≫에는 멋지게 늙어가는데 필요한 것들이 부지기수이다. 한편에서는 '버려라. 내려놓아라.' 하는 마당에 노화 속의 불씨를 다시 살려야 한다는 관점에서 지은이는 지금까지 남아 있는 것들에 관심을 두고 챙기길 권장한다. 노년의 변화를 수용하고 인정하기보다는 현재 상태를 더 관리해서 오래 사용해 보자는 말씀이다.

오래도록 유지하는 것이 중요할까. 허락된 시간 동안 자신이 하고 싶은 것을 찾고, 자신이 기분을 채우며 살면 족하지 않을까. 자발적인 걸음에는 즐거움이 따를 것이고 사소한 일이라도 선뜻 나설 용기가 나겠지. 그러려면 요즘 나처럼 편한 것에 안주하여 귀차니즘에 빠질 것은 아니다. 올해는 호불호를 따지지 않고 어떤 일이든 기웃거리며 탐색해 볼 작정이다.

몸 신호도 외면할 수 없는 때이다. 나이는 숫자에 불과하다고 억지를 쓰며 무시할 때는 지났는지, '그것쯤이야.' 하며 막무가내로 버텼을 정도에도 불안해지고 움츠러들게 된다. 다행히 쉽게 사라지기도 하지만, 가끔은 펀치를 날려 정신이 없게도 하니 눈치를 살피지 않을 수 없다. 육체 나이가 먼저 들었는지 정신이 먼저 차려졌는지 알 수 없지만, 예전과 달라진 것은 확연하다.

나이가 가르친다고 했던가. 철이 드는지 가끔 죽음을 생각하게 된다. 지금껏 육체의 멈춤은 생각 밖의 범주였는데 어느 때부터인가 주변의 변고에 감정이입이 되며 마지막 순간에 무슨 생각을 하고 떠날지 궁금해진다. 나무곽 안에 안장되어 있을 내 모습을 상상한다. 편안한 마음으로 영면에 들 수 있으면 어쨌든 잘 살았다고 생각하련다.

죽음을 생각하는 것은 시간을 제어하게 된다. 무에서 왔으니 무로 돌아가야 하는 것은 엄연한 사실이다. 어떻게 해야 가장 나답게 될 것인지에 대해 지금이라도 심각하게 고민해야 할 명제다. 날마다 한 바퀴 도는 동안 새싹이 돋는 오색영롱한 시절을 누렸고, 초목이 무성해진 시간도 누볐으며, 비어가는 계절도 이젠 볼 수 있게 되었다. 돌아가는 나의 행로는 부디 자연의 이치에 순응하기를 소망한다.

지금 나는 무엇을 하고 있는가.

제3부
일상에서 배운 것들

밀담

이사를 왔다. 전에 살던 공간보다 비좁아졌다. 그전에도 꽉 채워진 속에서 따닥따닥 붙어 있으려니 답답하고 숨쉬기조차 힘들 때가 많았다. 운신할 폭이 생기길 기대했지만, 형편은 전혀 나아지질 않았다.

우리 중에는 이런 요지부동 상태에서 일 년에 한 번도 주인의 간택을 받지 못해 기가 죽은 친구가 더러 있다. 그에 비하면 서너

번씩 바깥세상을 구경하는 나는 그나마 나은 편이다. 버리기는 고사하고 사들이기만 하던 주인이 갑자기 정리하겠다니 믿기지 않는다.

사실 어제 작당을 좀 했다. 내가 먼저 나서서 주인의 씀씀이에 대해 흉을 보았다. 좁아진 공간을 생각지 않고 더 채워 넣는 것은 우리를 거의 협박하는 거 아니냐고 말이다. 주인이 우리 처지를 생각이느 하는지 의문이라고 투덜거렸다. 어쨌든 새 친구가 입소할 때면 서로 비켜서 틈새를 내줘야 했으니, 어쩔 수 없이 각자의 몸을 점점 납작하게 만들어야 했다.

벼르고 있었던지 다들 말문이 열리면서 한마디씩 보탰다. 차라리 이사하고 싶다는 친구는 자신의 몸값에 비해 너무 홀대를 받고 있다고 짜증 어린 목소리로 먼저 내 말을 거들었다. 어떤 이웃은 주인이 요새는 거들떠보지도 않는다며 한숨을 쉬었다. 변심한 이유라도 좀 알고 싶다고 입에 붙은 작은 소리로 토를 단다. 또 다른 친구는 번번이 입었다 벗었다 하며 자신의 심중을 건드린다며 하소연을 늘어놓는다. 몸이 불어 맞지 않거나 변심했다면 차라리 다른 곳으로 보내주면 좋겠단다. 지금껏 서로 경쟁하는 사이인 줄 알았던 우리는 주인의 간택에 대해 함께 성토하면서 잠시 생각이 누그러졌다. 수다를 떨고 나니 속이 좀 풀렸고 이제부터 우리끼리라도 서로 배려하는 사이가 되자고 마음을 모았었다.

단정한 모습의 친구가 그제야 우리들의 이야기에 끼어들었다. 최근 몇 달간 외출이 아주 뜸해진 이웃이다. 작년까지 주인의 외출에 자주 동행할 때만 해도 기세등등한 모습에 밉살스러워했던 사이다. 그는 사람들이 많이 모이는 자리에서조차 기죽지 않았던 자신의 전성기를 추억하는지 요즘의 신세를 유달리 애달파 한다. 장신구가 달려 좀 화려한 스타일을 은근히 으스대던 그를 상대적으로 밋밋한 우리끼리 시샘하고 있었는데, 자신의 속내를 터는 바람에 마음이 누어진다. 누구나 주인의 총애를 변함없이 받을 수 없다는 사실이 새삼스럽지만 수용해야 한다. 오르막이 있으면 내리막도 있다 했으니.

끝까지 입 다물고 듣기만 하던 다른 친구가 마침내 입을 연다. 툭툭한 모습만큼이나 목소리도 경상도스럽다. 요새 주인을 따라 자주 나들이를 했던 자신은 늘 병원을 다녀왔으며, 주인의 매번 힘들어하는 모습이 애연했단다. 모르면 모를까 따라갈 나들잇길을 알고 나니 동행이 반갑지 않았다며 힘주어 속내를 턴다. 그는 귀천이 없어졌다고 투덜거리는 주인의 힘 빠진 소리를 듣기조차 송구했을뿐더러 자신이 손에 닿는 대로 입히는, 만만한 존재에 불과하다는 사실을 새롭게 알게 되어 씁쓸했다며 소리를 낮춘다.

우리끼리 주고받는 이야기를 주인이 엿들었을까. 갑자기 옷장 정리를 하겠다니. 지금껏 사들이기만 하던 때의 목소리가 아니다. '알몸으로 태어나서 옷 한 벌을 걸쳤으니….' 착 가라앉은 목소리로 노랫말을 읊조리며 우리를 뒤적거린다. 어제까지 항변하던 우리들의 수다는 쏙 들어갔다. '쫓겨나지 않으면 좋으련만….' 하며 갑자기 마음이 조마조마해진다. 투정하던 때와는 속 다르게 나는 '아직 쓸만하지 않나요?' 하며 능청을 떨고 있었다. 주인은 우리 중에서 연식이 제일 오래되었을 듯한 나를 끄집어냈다 걸었다 하며 아래위를 훑는다. 다시 주인의 눈치를 살핀다.

내 이웃 친구는 방바닥에 내동댕이쳐졌다. 조금 전 신세 한탄을 하던 친구이다. 심중을 건드린다는 친구도 아웃이다. 몇몇 친구들이 연이어 빠져나가자 조금 헐렁해진 공간에 다시 긴장이 감돈다. 서로 눈치를 살피며 친구들이 나갈 때마다 살아남은 자만이 할 수 있는 안도의 한숨을 내쉰다.

주인이 다시 우리 곁으로 다가선다. 나와 이사를 하였으면 좋겠다는 친구를 양손에 들고 축 처진 눈빛으로 이리저리 견주다 기어이 나를 박스 속에 던지고 만다. 세상에…. '가고 싶은 친구나 보내주지.' 나는 억울해서 항변했지만, 소용이 없었다. 세상일이 맘대로 되는 게 없다더니….

나는 주인의 결정을 받아들여야 한다. 지금은 쫓겨나지만 나를 더 아껴줄 주인을 만날지도 모른다는 어처구니없는 기대를 하면서 말이다. 중고품일지라도 새 옷으로 봐주는 새 주인을 만난다면 나의 전성시대를 다시 불러들일 수도 있을 것이다. 지금의 상황이 어떤 변화를 불러올지는 아무도 알 수 없지 않은가.

우리 사이에 전해오는 이야기가 있다. 사람들의 입성이 예전보다 많이 좋아졌다고 한다. 덕분에 우리가 주목을 받는 시대가 되었긴 하지만…. 사실 옷차림이 사람을 보는 잣대처럼 사용된 지는 꽤 오래되었을 것이다. 먹고 살 만해진 형편 덕분에 치장에 신경을 많이 쓰게 되었고 유행에도 민감해진 세태이다. 그뿐이 아니다. 속이 허해지는 세상이 될수록 본 모습을 감추려고 겉치레에 더 신경을 쓰게 된다고 하니 우리의 공간은 좁아지고 점점 더 밀착되지 싶다.

내일이면 우리는 뿔뿔이 흩어질 것이다. 늘 불평하던 나도 새 주인을 만나러 가야 한다. 모이면 흩어지고 흩어지면 다시 모이는 게 순리인가 모르겠지만, 이미 결정된 일은 받아들여야 하지 않을까.

어처구니없게도 헤어지는 마당에 이르러서야 주인과의 관계를 다시 생각한다. 그동안 나는 주인이 있기에 존재했고 주인과 함께 살아가야 할 처지였음에도 그 입장을 수긍하기 어려웠다. 떠날 때가 돼서야 그 불만스럽던 생각들을 거둬들이는 것은 무슨 조화인가. 주인의 안녕을 빈다.

이생행

가끔 하늘을 본다. 육학년에 진입한 후에 생긴 버릇이다. 그렇게 하리라는 의도는 없었지 싶은데 문득문득 빈 하늘을 바라보게 된다. 멍하게 하늘을 쳐다보고 있으면 난데없는 생각들이 여기저기 불쑥거리며 하늘 한 자락에 모여든다. 지금껏 전혀 예상치 못한 실체가 꿈틀대는 듯하다.

오로지 일벌로서 충실했다. 더 솔직히 말하자면 종종거린 하루를 방패 삼아 진정 자신에게 무심했다는 표현이 더 맞겠다. 부끄럽지만 한 달, 일 년을 자동화된 기계처럼 보내면서, 눈에 보이는 변화에 촉각을 세우고 무엇을 했고 무엇을 더 해야 하는지 체크했다. 앞을 내다본다거나 가늠하는 것은 눈에 보이지 않아서 그랬다고 변명하고 싶을 만큼 오직 눈앞에 보이고 계량 가능한 것만이 관심군이었다. 먹고 사는 원초적인 것조차 놓칠 정도였다.

지금껏 잘 살았다고 서슴없이 이야기하는 친구를 보며 자신을 반추해본다. 열심히 살았다는 말에는 동의하지만, 잘 살았다는 말에는 고개가 갸우뚱거려지고 머뭇거려진다. 그럴싸해 보이는 가면 하나를 더 얹으며 내심 만족하고 오로지 타인의 눈에 부족한 부분을 채우는데 충실한 시간이었다면 잘 살았을까.

잘 사는 것이 무엇일까? 물질 만능주의 세상에 잘 사는 것은 사람마다 다르게 생각할 수 있겠지만, 결코 물욕을 채우는 것만은 아닐 것이다. 남들에게 근사하게 보이면 잘사는 것일까. 보이지 않는 것들이 더 중요한 것은 없을까. 근래에는 막연하지만 나를 위해서 잘 살아야겠다는 낯선 의식이 나서곤 한다.

행복이 화두인 시대이다. 어쨌든 행복해야 한다고 다들 아우성이다. 그 행복은 남이 만들어주는 것으로는 약하다. 약발을 제대로 받으려면 내가 주체가 되고 내가 주동이 되어야 한단다. 순전히 자발적으로 마음을 내야 뿌듯한 마음이 녹차처럼 우려진다. 베풀었다는 내 만족을 위해서 내가 먼저 마음을 내야 하는데 사소한 일에서조차 아직 쉽지 않다. 생각할 겨를이 없었다고 변명하며 노력해야 할 항목으로 별표를 붙인다.

나는 제2의 삶을 앞두고 있다. 기대되고 설레기도 한다. 단단한 줄에 매여서 동동거리다가 고삐가 풀리면 어떻게 껑충거릴지 고민도 된다. 지금 생각 같으면 이제까지 전혀 해보지 못한 일들을 찾고 싶다. 무엇보다도 시계에 쫓기지 않고 느긋하게 살아보려 한다. 가슴 뿌듯해지는 일이라면, 누가 주기를 기다릴 것이 아니라 이벤트라도 만들고 싶다. 큰길을 가느라 놓친 골목도 누비며 세월 꽃의 향기를 찾아 킁킁거리려 한다. 꽃이 크다고 향기가 진한 것은 아니지 않은가.

관심이 없었던 것은 삶이나 죽음이나 마찬가지였다. 살아있음을 느끼지 못하매 죽음까지 어찌 생각할 수 있었으랴. 주변에서 툭툭 치는 소리에 깜짝 놀랄 뿐 의식은 깜깜하다. 내생은 아직 모른다.

내생을 위해 아등바등 살 만큼 순수한 나이도 아니다. 오늘 하루를 평온하게 보내고 내일을 또 그렇게 채우도록 애쓰는 일만이 지금 내게 주어진 과제이다. 나에게 허락된 맨 마지막 날이 오면 '나도 잘살았다.'라는 소박한 느낌 하나는 가지고 갈 수 있으면 좋으련만.

이생행이다. 지금 행복해야 한다. 두 번 다시 기회가 없을지 모른다. 남은 시간을 어떻게 채우느냐에 따라 가능성이 없지도 않다. 끝이 좋으면 다 좋다고 했으니 '무엇'과 '어떻게'로 소소하지만 확실한 내 만족으로 하루를 채우면 될 성싶기도 하다. 우여곡절이 있었다손 치더라도 결과적으로 다행이면 다행인 것이다.

나목 사이로 보이는 하늘이 청명하다. 구름 하나 없이 텅 빈 곳에 보이지 않는 무수한 이야기를 잉태하고 있다. 내 사연들이 내 눈 위의 하늘 한 조각을 맑히는 지금이면 괜찮을까.

너희가 찐빵을 아느냐

봄비가 부슬거린다. 봄을 탈 나이가 지나도 한참을 지났건만, 엉덩이를 들썩거리며 봄이 스민 바깥 날씨에 촉을 세운다. 무변해 보이는 바닷가에도 봄이 왔을까. 봄비를 맞이하는 바닷가를 명분 삼아 기어이 집을 나선다. 어김없이 찾아온 봄이 기억 속의 봄을 되새김질하게 만드는 것이 다행인지 불행인지 알 수 없다. 당당거리는 요동이 남세스럽기도 하나 마스크로 무장하면 되려나.

비오일은 기분뿐 아니라 식욕도 자극하나 보다. 오늘같이 봄비 추적거리는 주말에는 '뭐 입맛 당기는 거 없을까' 하며 은근히 끌려가게 된다. 아직 점심때는 이르니 출출한 시간은 아닌데 기분 전환용 주전부리가 있을지 두리번거린다. 늘 먹던 것들에 대한 식상한 오늘, 좀 별스러운 간식으로 소확행을 하고 싶다.

일광 바다에 나가는 다리목에 찐빵집이 있었다. 찐빵을 선호하는 시대가 아닌데 찐빵집이 줄지어 있는 것도 이색풍경이다. 게다가 찐빵을 사려고 집집이 줄 서서 차례를 기다리는 모습은 더 궁금증을 부른다. 주달이 아닌 평일에도 찾는 이가 많아 일광의 명소가 되었다는 찐빵집에 줄 선 고객 중에 중년들은 별로 보이지 않고 대부분이 젊은이들이다. 베이비붐 세대의 간식인 찐빵을 사기 위해 우산을 쓴 채 기다리는 헝렬에 묻고 싶어진다. 다이어트 열풍으로 웬만한 먹거리쯤은 외면하는 시대에 왜 찐빵을 사려 하는지.

찐빵에 대한 향수나 추억 한 자락이 있어 보이진 않는다. 이들에겐 호빵의 기억은 있을지언정, 길가 손수레의 가마솥 찐빵에 대해 끌림은 없을 듯하다. 그때는 강냉이 튀밥 아저씨가 뻥 소리로 주의를 환기했다면, 찐빵집은 뚜껑을 여는 순간 터져 나오는 김과 이스트 냄새로 시선을 집중하게 했다. 이목을 집중시키는 전략으로 행인의 식욕을 충동질했을 찐빵의 참맛을 이들이 알까. 한참 나이가 들어서까지 호주머니 사정이 허락하지 않았던 나는 늘 찐빵 가게를 지나치며 빵 냄새에 침만 꼴깍 삼켰을 것이고 종종걸음으로 애써 외면해야 했다. 운 좋게 동전 몇 푼 있는 날, 좌판 위에 3총사처럼 버티고 있는 팥 도넛과 꽈배기, 찹쌀 도넛은 나를 선택 장애인으로 만들었을 것이다.

찐빵 맛은 효모균이 좌우한다. 찐빵은 속에 든 단팥 맛으로 먹는 것 같아도 실은 잘 부풀어 오른 밀가루에 배인 막걸리 냄새 비슷한 이스트 맛이 구미를 당긴다. 앙꼬 없는 찐빵이라는 말이 있지만, 조연격인 폭신폭신하게 부푼 밀가루 반죽의 결이 있어야 주인공인 앙꼬 맛이 도드라진다고나 할까. 잘 발효된 반죽처럼 주연은 언제나 조연의 숨은 도움이 필요하다.

유년 시절 내게 찐빵은 아주 재수가 좋은 날이라야 얻어먹을 수 있는 특별한 음식이었다. 엄마가 찐빵을 사준 기억이 없는 것은 그만큼 귀한 음식임을 증명한다. 아버지의 늦은 귀갓길에 손에 들려 따라오는 누런 봉지에 든 찐빵은 배부르게 먹은 저녁밥과는 무관하게 입맛을 돋우는 일품 간식이었다. 지금은 그 맛을 어디에서도 찾을 수 없으니 더 집착하며 기웃거리게 된다.

먹거리에 본능적으로 집착한다. 음식에 대한 겉반응은 순간적으로 억압할 수 있을 때가 되었지만 그 속마음까지 제압할 수 없다. 입이 궁금할 때면 어릴 적, 곤궁한 시절에 먹었던 음식들이 아련히 떠오르고 가끔은 그 맛을 찾아보고 싶은 발동이 걸린다. 그런 나는 아직도 김이 물씬 나는 찐빵 가게 앞을 지나칠 수 없다. 시장기가 없더라도 반드시 사야 할 것 같은 의무감까지 동원하며 나를 부르는 듯해서이다.

누구나 음식에 대한 추억 한 자락쯤은 가지고 있지 싶다. 맛 그 자체가 그리워지기보다는 맛과는 별개의 문제일 수 있다. 어쩌면 충족되지 못한 식욕에 대한 보상일 수도 있겠고, 맛과 관련된 에피소드를 찾으려는 반응인지도 모른다. 지나간 시간 언저리를 회억하려는 막연한 동경일 수도 있다. 머릿속에 각인된 맛을 찾는 행위는 모천으로 회귀하는 연어와 비슷한 심정일까. 그 맛을 찾기는 번번이 어긋나지만, 꼭 해봐야 할 것 같아 포기하지 않고 다시 시도하게 된다. 그 유인력은 어디에 숨어 있었을까.

요즘같이 먹거리가 풍족한 시대를 사는 사람들도 훗날 추억 속의 음식에 집착할까. 물질적으로나 사회적으로 불안정하고 어려웠던 유년 시절을 지냈고 다행히도 점진적으로 풍요로운 시대에 진입한 지금 자신에게 묻곤 한다. 앞세대의 희생 덕분에 나도 찐빵처럼 잘 발효되었는지. 그들의 가난을 함께 맛보았으니 지금의 풍요를 제대로 누리며 내 손에 쥐어진 것들에 감사하고 있는지. 그러고 보니 나는 시대를 잘 만난 행운아다.

봄비에 젖은 바다를 보러 나선 나는 샛길로 새고 말았다. 어린 시절에 채우지 못한 욕구가 여태 마음 한구석에 도사리고 있는 줄 몰랐다. 싱숭거리던 마음이 찐빵에 납작해졌고 그때 그 시절을 떠올리는 일만으로 오늘은 충분히 충전되었다. 찐빵에 집착하는 내 안의 아이를 토닥이면서 말이다.

어른 노릇

나는 '동물의 왕국'을 즐겨 본다. 동물의 세계에서 깨우쳐주는 의리와 지혜에 늘 감동을 받기 때문이다. 그들 세상을 보면서 가끔씩 '과연 사람이 동물보다 나을까' 하는 생각이 들곤 한다. 그럴 때면 동물보다 나은 인간이 되려면 어찌 살아야 될지 반문이 잇따른다.

집단생활을 하는 동물들은 나름의 서열이 있다. 서열에 맞는 역할을 해내야 위계가 유지된다. 역할이란 무리를 위한 반드시 해야 할 책임이고 집단 속에서 자신의 존재가치를 공고하는 힘이기도 하다. 특히 우두머리가 되는 일은 더욱 그러하다. 종족에게 절대 믿음을 얻어야 하기에 내부 생활에서는 눈만 껌뻑이며 늘 노는 것처럼 여유로워 보이나 머릿속은 바삐 돌아가고 있단다. 매사에 서두르는 법이 없지만, 지금껏 살아온 경험에서 터득한 예지를 바탕으로 집단을 통솔해야 한다. 슬쩍 보는 듯해도 예리한 판단이 서야 하고 어린 새끼들에게는 은근하게 때로는 냉정하게 내부의 질서를 가르치고, 자연 속에서 먹이를 사냥하거나 살아가는 방법을 전수해야 한다. 그뿐 아니다. 위기 상황에서는 목숨을 걸고 영역을 지켜야 하며 종족을 보존하기 위해 치열한 싸움에도 앞장서는 일은 불가피하다.

동물의 왕인데도 불구하고 사자는 무리생활을 한다. 집단 속에서 각자가 다들 막강한 힘을 가지고 있으니 다른 종족보다 더 철저한 조직 질서가 필요하다. 왕 사자는 외부 세력에 대한 견제뿐만 아니라 조직 내부의 기강 유지도 소홀할 수 없다. 살아있는 먹잇감 사냥에도 역할을 분담하고 각기 제 역할을 해내도록 지엄하게 다스려야 한다. 단순하게 자기 한 생명을 유지하는 수준이 아니라 자라

나는 후손에게 나름의 세상살이의 본이 되어야 한다. 왕으로 군림하는 모습만 부러워했던 나는 식솔을 이끄는 가장으로서 고달픔을 이제야 보게 된다.

요즘 나는 그들을 자주 부러워한다. 무리 속에서 어른이 시키는 대로 따라갈 때가 좋았다는 때늦은 후회도 때때로 하게 된다. 집안의 어른들은 이제 연로하시다는 핑계로 시퍼렇던 권을 내려놓으시고 "너거 알아서 해라." 하신다. 감히 두말할 수 없었던 어른 노릇권을 이양받고 보니 오히려 일거수일투족이 만만치 않다. 어른들의 말씀에 내심 못마땅해하며 어서 어른이 되고 싶었던 때가 새삼 그리워진다.

사회생활에서는 더욱 그러하다. 일로써 만난 이들에게 나이에 걸맞게 방향잡이가 되어야 함에도 눈높이는 늘 '어른 수준'에 못 미친다. 여러 사람의 심중을 먼저 헤아려야 하는 것은 물론이고 시류를 읽고 길라잡이 역할도 해내야 한다. 두량을 해주실 때는 이런저런 불평불만을 쏟아냈던 것인데 막상 내 차례가 되니…. 어른이면서 이것저것 참견하기도 그렇고 못 본 척 지나가려니 그조차 아닌 듯하여 버거울 때가 있다. 더 애매한 것은 올챙이 적을 상기하며 너

그렇게 지켜봐 주는 것이 맞는지에 대한 의문이 들 때이다. 잔소리를 좋아할 사람이 어디 있겠냐만 한 수 가르쳐 주면 명쾌할 텐데 그것조차 망설여진다. 세상사에 정답이 없으니 그것 또한 옳다는 보장도 없고 받아줄지 아닐지 상대의 눈치도 살펴진다.

어른이 없다고들 개탄한다. 어른다운 어른이 없다는 말이기도 하고 어른 대접을 하는 세대가 없어졌다는 말이 될 수도 있다. 본보기가 될만한 품격과 전문성을 지닌 윗세대가 있었기에 부지런히 모방하며 세상 읽기를 배웠다. 그러나 내가 그 위치에 온 지금은 주변에 덕성과 경험을 갖추고 후세대를 이끌만 한 어른을 찾아내기 쉽지 않다. 또 세태와 흐름에 편승하기 바쁘고 젊은 세대에 맞추어 가야 하는 부담감마저 가지게 되었다.

매사가 가볍지 않다. 진중하게 어른인 체하는 일도 만만치 않을뿐더러 어른인 척하는 내 행동을 주변에서 번번이 속아줄까 궁금하기도 하고, 아래 세대의 눈높이에 적당할까 눈치가 보이기도 한다. 어릴 적에는 애늙은이라는 소리를 자주 들었는데, 어느새 어른 취급을 받는 편이 되었다. 남들 눈에 그럴싸하게 보이려는 욕구만큼 행동이 따르지 않아 어른 노릇에 늘 주춤거린다.

나잇값이라는 말이 있다. 나이가 들수록 나이에 걸맞는 말과 행동을 해야 한다는 말이겠지만 나의 경우, 나이가 드는 것과 어른 노릇을 제대로 하는 것은 간극이 크다. 동물의 세계 속에서 조직을 이끄는 우두머리처럼 나이가 들수록 여유롭고 느긋하게 기다려주지 못하고 졸갑증을 내는 자신을 본다. 누군들 한가지 강박증 없으랴만 나이가 들수록 더 바빠지고 더 동동거리게 되는 것은 무슨 조화일까.

지난 시간을 되돌릴 수 없다. 지금 할 수 있는 일은 무엇일까. 맡은 배역을 잘하는 것이 잘사는 것이다. 실제 어른이 되고 안 되고는 차치하더라도 어른 노릇이라도 잘해서 역할놀이에라도 충실하고 싶다. 그러려면 변화무쌍한 세상을 견디며 살아낸 웃어른, 선배님의 경험과 생각을 베끼는 일에 부지런해야겠다.

어차피 인생은 연극이다.

맛바라기

하루 중 가장 푸근한 순간이 언제일까. 허출하다가 뜨끈한 밥 한 그릇 먹고 난 후이지 싶다. 그중에서도 저녁 밥상은 온종일 꺼들렸던 매임 줄을 풀어주는 알파가 있어 입맛 당기는 메뉴라면 흡족한 하루로 마무리할 수 있다. 저녁 식후 포만감은 심신心神에 뭉쳐있던 감정 망울조차 풀어 몸이 마음을 이끌게 된다. 7080세대의 소확행은 먹거리가 우선되지 싶다.

입맛도 회귀하는가 보다. 아슴푸레한 기억 속의 맛을 찾아 그럴싸한 메뉴를 기웃거리게 된다. 입에 밴 맛에 대한 집착이 채워지지 않았던 시절을 보상할 수 있으려나. 그림의 떡이었던 먹거리나 젓가락질하기 눈치가 보였던 음식을 이름조차 기억하지 못하면서 요즈음 들어서 혓바닥에 새겨진 맛이 종종 출몰한다.

입맛이 시들해지는 때이다. 해마다 이맘때면 도지는 입맛을 달래고 겨울을 나느라 소진된 체력을 회복하려는 묘책이 필요하다. 먹고 싶은 음식이 있을 것 같은데 얼른 떠오르지 않아 재래시장을 기웃거린다. 아직 봄나물은 보이지 않는다. 마른 시래기를 사 와서 푹 삶고 껍질을 일일이 벗기는 공을 들여 입맛 당기던 시래기 된장찌개를 끓였다. 냄새는 맞는데 낯익은 맛이 아니다. 뾰족해진 미각이 맛투정을 부리는지 알 수 없으나 밥 한 그릇쯤은 뚝딱할 거라 기대했던 마음이 섭섭해진다. 즐겨 먹던 음식 앞에서조차 식탐이 별로 나지 않고 식욕은 자꾸 물러진다. 꼭 먹거리가 넘쳐나는 시대라서 그렇지는 않은 듯하다.

봄을 주도하는 먹거리를 찾아 나선다. 매운탕 한 뚝배기이면 덤덤해진 미각을 되찾고 겨우내 몸속에 쌓인 냉기를 걷어낼 수 있으려나. 보양식이 되기를 기대하면서 음식상 앞에 바짝 붙어 앉는다. 펄펄 끓는 국물을 보는 것만으로도 먹음직스럽다. 갓 지은 밥 한 공기와 얼큰한 국 한 대접이면 좀 돌아설 줄 알았는데 그게 아니었다. 나앉은 식욕을 붙잡아오기에는 역부족이었다.

어쨌든 봄기운을 채워야 한다. 다시 봄기운을 찾아 나선 둘레길은 오늘따라 더 우중충하다. 마른 풀더미에 바람이 들며 나며 바스락거리는 소리가 마치 유년 시절의 보물찾기를 연상하게 한다. 잃은 물건을 찾듯이 이리저리 두리번거리며 건초 밑에 숨어든 봄의 기미를 살핀다.

남 먼저 봄을 품은 푸새가 오랜 지인을 만난 듯 반갑다. 유난히 추위를 많이 타는 나에 비해 서릿발을 견뎌낸 강단이 대견스러워 말을 붙인다. 말이 없다고 뜻이 없는 것은 아니고, 뜻이 있다고 일일이 말을 거는 것도 아니어야겠지만, 이맘때마다 말이 많아지고 너스레를 떠는 것은 겨울을 무사히 건너온 자신에게 본능적인 셀프 격려의 다른 모양새이다.

그전처럼 입에 맞는 밥 한 끼로 만사형통하던 시절이 그립다. 원래 먹성이 좋아 가리는 음식이 없었고 적어도 내가 만든 음식이 내 입에는 맛있었다. 웬만한 매듭은 밥 한 그릇으로 풀어냈던 식성이 어쩌다가 까탈스러워졌을까. 겨울잠을 자고 나온 개구리처럼 동지섣달의 혹한에 입맛조차 비쩍 말라 버린 모양새다. 내가 차린 밥상에서 젓가락을 들고 망설인다. 단지 때가 되었다고 배를 채우는 일은 그만하고 싶은 생각에 냉장고를 다시 뒤진다.

요즘 같으면 먹기 위해 산다는 말도 괜찮을 듯하다. 살기 위해 먹던 시절이 한참 흘러간 시점이다. 철철이 자연에서 나는 것들을 눈여겨 봐뒀다가 제철 식자재로 차리는 한 끼로도 괜찮은 하루가 되지 싶다. 오감 중에서 아직 쓸만한 미각을 위해, 먹거리에 시간을 쏟으며 기본에 충실하기로 마음먹었다. 본능으로 회귀하는 근래의 내 행태에 주저해지기도 하나, '지금 상황에 맞고 내가 만족하면 그만이지 않을까.' 하며 애써 명분을 찾는다.

선호하는 색깔을 찾아내듯 구미에 당기는 맛을 찾아내어 식사시간을 늘려볼 요량이다. 본래의 맛도 감지하고 맛과 맛의 어울림도 찾으며 한 점, 한 숟가락의 맛을 음미하는 느긋한 식사 습관을 기르라는 의사의 잔소리를 수도 없이 들어왔지 않은가. 알고는 있으나 실천이 잘 안 되는 일 중의 하나가 천천히 밥 먹기이다. 자신을 대접하는 마음으로 조촐하게 차려 먹어야 하는 때가 되었다.

봄내 나는 식탁을 차려 몸을 위하는 성의를 좀 보여야겠다. 예로부터 봄이면 도다리가 맛이 드는 때라 했거늘 도다리쑥국이면 겨우내 짧아진 입에 봄맛을 충전할 수 있을까. 몸이 편해야 마음이 편하다는 단순한 이치를 상기하며 내내 먹던 밑반찬을 치우고 새 기운을 넣을 새 맛을 맛보고 싶다.

자연에는 때가 있다. 자연에 더부살이하는 개체라면 자연의 변화에 민감하지 않을 수 없다. 그중에서도 계절에 따라 출몰하는 먹거리에 관한 관심은 누구나 다르지 않을 듯하다. 제철 음식이라 이름 붙은 먹거리를 찾아 산과 바다를 누비며 발품을 팔아보련다. 소소한 계절 반찬 한 가지로 미식가를 흉내 내며 그때 아니면 안 되는 맛을 즐기는 맛바라기도 괜찮은 시간이지 싶다.

꽃길을 걷다

모두 모였다. 이 자리에 함께하려고 일찌감치 대장정을 계획하고 자신을 키우고 다듬으며 어우러질 시간을 기다렸을 터이다. 해마다 이맘때면 꽃 축제가 열렸지만, 올해에 모인 꽃들은 유난히 알록달록한 때깔로 사방을 훤하게 밝힌다. 같은 종이고 비슷한 색깔인데 이목을 끌려고 더 바둥거렸을까. 그 애태움에 눈길이 멈춘다.

꽃 색에는 청탁이 없다. 어느 색이든 맑고 곱다. 붉은색이든 노란색이든 진하면 진한 대로 연하면 연한 대로의 풍미로 한살이를 엮어간다. 혹시 행인에게 하고 싶은 말이 있었을까. 같은 종이 모여 꽃길을 만들고 다른 종이 섞인 꽃밭을 만들었을 의도가 있지 싶다. 꼬맹이 꽃은 눈앞에서, 큼직한 꽃은 멀찌감치 서서 누군가를 기다리고 있는 듯하다.

꽃길을 걷는다. 길 양옆에 놓인 꽃들은 나를 귀빈으로 모시는 듯하고, 우쭐해진 나는 마치 사열하듯이 좌우를 살피며 발걸음에 힘이 들어간다. 형형색색으로 어우러진 백만 송이 아니 수백만 송이의 만남이 구경꾼을 불러 모은다. 어쩌면 삶의 하강 곡선에 있는 중늙은이들에게 그들의 몸짓이 더 통했을까. 꽃길에 서서 전체를 조망하는 어른, 스마트폰을 꺼내 초점을 맞추느라 눈살을 찌푸리며 화면 가득 불러들이는 매너, 꽃길을 한 바퀴를 돌며 하나하나에 눈길을 주는 것은 나이와 상관도가 높은가 보다.

인근 공원에서 가을꽃 축제가 열렸다. 크기와 색깔과 관계없이 서로 아는 체하며 조잘댄다. 보이지 않는 각자의 노력으로 지금 여기에 올 수 있었기에 여기저기서 서로 안부를 물으며 격려하는 듯하다. 꽃길을 걸으며 오늘 여기에 모이기까지의 여정을 살피는 동안 낮에 빳빳하게 꼬였던 내 생각들이 슬그머니 물러진다. 그 기운은 어디서 올까. 말 그대로 형형색색의 이끌림에 내 마음이 열렸듯이 나도 누군가에게 마음 한 자락을 밝힐 수 있으면 좋겠다는 헛욕심에 혼자서 웃고 만다. 꽃은 그 존재만으로 사람의 속내를 정화하는 힘을 가졌나 보다.

가을은 꽃의 계절이다. 추위를 이겨낸 봄꽃도 예쁘고 뜨거운 열기를 견디는 여름꽃도 눈이 가지만, 꽃이라면 가을꽃이 으뜸일 듯하다. 이미 계절의 순환에 적응했을 것이고 소쩍새가 울고 먹구름 속에서 천둥이 치는 나날을 버티어내 기어이 완성의 계절을 맞이했을 것이다.

자연의 변화에 끌려가는 것은 나이 듦의 표상이랬다. 우중충해가는 세상을 빛으로 헹구고 사람 냄새가 식어가는 세상을 열기로 데우기 위한 잔치라면 오늘 꽃들은 소임을 다하고 있다. 어떤 꽃이든 꽃이라면 보는 이의 마음을 편안하게 만드는 특별한 재주를 가졌으니 말이다. 제각각의 특성들을 모은 꽃축제처럼 사람 사는 세상도 꽃처럼 다양한 개성이 모였기에 다채롭게 살아가고 있을 거다.

이런저런 생각에 취해 한 바퀴를 도는데 도우미의 안내로 꽃밭 구경을 온 시각장애인들을 만났다. 그들은 꽃들과 어떻게 교감했는지 꽃탑 앞에서 얼굴이 환해지고 카메라 앞에 하나같이 밝은 표정을 짓는다. 어쩌면 손님을 맞이하는 꽃들의 향기에 공감했을지, 꽃잔치에 온 오늘이 일상은 아닐 터라 그런지, 하나같이 눈으로 보는 이상의 기쁨을 누리는 표정이다.

나의 꽃길은 언제였을까? 꽃보다 새싹의 환희가 더 어울릴 듯한 시기는 까마득하고, 에너지 왕성한 숲길에서 만난 꽃세상도 한참 지났고, 잎새의 수분이 적당히 빠지고 들녘의 이름 모를 꽃들이 잔잔하게 피어 향기를 전하는 때일 것 같다. 돌아보면 시절 따라 만나는 꽃모습이 다를 뿐, 그 어느 때도 꽃길이었다고 믿고 싶다. 다만 무심했던 탓에 그 꽃길을 그때그때 누리지 못했으니 안타까울 뿐이다.

김형석 교수는《백년을 살아보니》라는 그의 저서에서 60세에서 75세 사이가 인생의 황금기란다. 백 살을 살아본 노 철학자의 말에 따른다면, 나는 지금에서야 꽃길을 걷고 있다. 인생의 진짜 꽃길이 지금이라면 세상의 풍상을 겪어낸 여유와 경륜으로 다듬어진 길이어야 하는데. 아직도 꽃길인지 바싹 마른 덤불 속인지 텅 빈 들판인지 분간을 못 하고 무심하게 지나치지는 않나.

지금은 주어진 과업을 제법 수행한 시점이고, 삶의 질곡과 환희도 적당히 맛본 시기이기에 꽃이 전하는 메시지가 와닿는가 보다. 꽃길을 걸으면서 꽃의 기운을 듬뿍 받은 오늘부터라도 인생의 꽃길을 감지할 일이다. 꽃길을 걷는 사람답게 만나는 사람에게 꽃기운은 아니더라도 온기 어린 말 한마디라도 건네야겠는데.

생각이 바뀌어야 삶을 바꿀 수 있다. 주변이 아무리 만화방창한들 고정관념에 갇혀 보이지 않는다면 무슨 소용이 있으랴. 시각장애인일지언정 안내자의 멘트에 따라 이미지를 그리며, 환하게 어울릴 수 있었던 것처럼 마음먹기 달렸다.

시절이 바뀌는 장단에 맞춰 내 감각도 따박따박 따라가고 싶다. 그러니 이미 주어질 만큼 주어졌고 받을 만큼 받았다는 머릿속 생각이 가장 멀다는 마음까지 달리는 중일 것이다. 꽃길을 걷는 동안만이라도 지천명을 알고 이순의 마음 한 자락이 환해지도록 모름지기 힘쓸지어다.

나는 지금 꽃길을 걷고 있다. 여기가 바로 천국이 아닐까.

가는 날이 장날

신산한 날이다. 여태껏 가을을 타는지, 모닝커피 한 잔의 효과가 미약한지 먹구름이 몰려올 듯하다. 이맘때면 자연은 사람을 넌지시 저울질한다. 마치 변신의 귀재처럼 산천초목에 요리조리 덧칠하다가 그도 모자라 보물 감추듯 결실을 숨겨 두니 인간에게 흥감스러운 선물을 주고 싶을까. 풍광이 점점 고와지는 때에 어울리지 않게 씁쓰레한 맛이 치받쳐 시야를 가린다. 곧 겨울을 맞이해야 할 산짐승처럼 마음이 어수선해진다.

이런 날에는 무조건 길을 나서야 한다. 집에 있으면 얄궂은 생각으로 더 수렁에 빠지고 답답해질 뿐이다. 주책없는 기분을 싹 바꾸는 데는 장터를 찾아가는 것이 제격이다. 지금쯤의 장날 풍경은 가을 맛을 오감으로 느낄 수 있을 것이라 몸이 앞장서서 마음을 끌고 간다.

나에게 오일장은 회귀해야 할 곳처럼 편안하다. 부산 토박이인 내가 시골장이 푸근해지는 연유는 알 수 없으나 오늘 같은 날에는 발동을 건다. 달려가는 동안 마음 구름이 슬며시 걷히면 이미 목적은 달성했고, 어떤 낯선 것들이 선보일지 궁금해지면 덤으로 수확하는 셈이다. 어쩌다가 인근 할머니들이 손수 농사지은 작물 몇 가지를 만날 수 있다면 대성공이다. 비록 땅바닥에 진열되어있으나 마트에서 살 수 있는 것들과는 격이 달라 보인다.

그사이 장날 풍경도 많이 변했다. 옛날에는 큰 장이었다고들 하지만 요즈음은 활기가 없다. 웬만한 장에는 파는 사람이 사는 사람보다 더 많아 보인다. 장이 서도 찾아오는 사람도 별로 없고, 마치 마실 나온 듯한 노인들끼리 모여 서로 안부를 묻고 소담을 나누는 자리가 되었다. 여러 장을 돌며 공구나 생필품을 파는 방물장수 아저씨의 손님을 부르는 목청이 없다면 장터는 고요하리만큼 한적하다.

장터 한 바퀴를 휘돈다. 어느 언덕을 구르다 왔는지 넉넉한 인심이 느껴지는 누렁덩이 호박이 층층이 쌓여 눈길을 잡아끈다. 못 본 척 지나치면 인색하다는 소리를 들을 법도 하지만 일단 눈에만 담는다. '못생겨도 좋아. 심성이 좋으면 그만이지.'를 외치는 모과가 기어이 발길을 붙잡는다. 울퉁불퉁한 몸매에 까만 점까지 군데군데 찍혀있어도 향기 하나만은 최고임을 자부할만하다. 쪼그리고 앉아 코로 골라 담으며 후줄근한 속내까지 모과 향이 스며들길 기대한다. 염치없는 내 처사에 실소하며 엉거주춤 일어서는데 또 저쪽에서 대봉감이 애타게 부른다. 가을걷이들이 총집합한 장터라 할지라도 큼직한 담홍색이 시선을 집중시키는데 시비가 있을 수 없다. 가을의 대명사이기도 한 미끈한 감은 감 장수 할머니와 묘한 대조를 보인다. 언제 감나무 집으로 시집와서 지금껏 감나무지기로 살아가고 있을까. 감나무가 맞는 풍상보다 더 모진 비바람에 부대끼며 세월을 건너왔겠지만, 그 흔적은 날아가고 주름진 얼굴은 잔잔하고 담담할 뿐이다.

아직은 장터 인심이 남아 있어 멀리서 달려올 만하다. 땅바닥에 비닐을 깔고 사과를 펴놓은 노전 앞을 지나는데, 사과 한 쪽을 건네며 기어코 먹어보고 가란다. 홍옥의 새콤달콤 진한 맛이 와락 안긴다. 당장 필요한 것만 골라 담던 마트와는 달리, 일단 사가면 해 먹게 될 것이라는 막연한 믿음마저 생겨나 주섬주섬 한 보따리를 챙기게 된다.

마침맞게 왔다. 마치 나를 기다린 듯 햇것들이 의기양양하게 도열해 있으니, 나는 사열하듯이 물산들의 상태를 살핀다. 여물 것은 야무지게 여물었고, 자랄 것은 양껏 자라 하룻강아지 같은 기세로 구경꾼을 유혹한다. 풍성한 난전을 기웃거리는 동안 가을 햇살까지 스며들었는지 속이 풀리고 가슴이 편해졌다. 용케도 지금이 아니면 보기 어려울 뻔한 열매들이 집산하였고 그들의 기운까지 받았으니 오늘 나들이는 오감하다.

가을은 이율배반적이다. 겉은 결실의 우람한 자태와 그라데이션 색으로 세상을 치장하고 기운을 부추겨 세워주는 듯하면서, 사실은 곧 닥쳐올 쓸쓸한 공허를 품고 아리고 쓰린 시간을 겹겹이 감싸고 있다. 그러니 다른 어느 계절보다 사람 속을 더 들쑤신다. 계절을 핑계 삼은 나의 꼼수는 지당하다고 셀프 판정을 해도 되려나.

사람이 무엇으로 살아가는지 여기 와 보면 알 듯하다. 땅심을 믿고 평생 농사를 짓는 사람의 훈기를 얻을 수 있다고 할까. 편리성을 강조하는 시대에도 시골에 정붙이고 사는 농심이 짐작되고 물질에 끌려가는 일상이 아니더라도 살아지는 길이 보인다. 푸성귀를 파는 노인들도 어쭙잖게 시작한 농사일이 평생 함께할 거라 작정하지는 않았을 터이나 불편해하거나 아쉬워하는 기색은 전혀 없다.

장터를 어슬렁거리며 주고받는 이야기를 엿듣는다. 서로 잘 아는 처지이니 얼굴 보며 자질구레한 이야기를 나누는 것만으로도 장날은 충분하다. 장터 할머니들의 표정에서 달관한 자의 여유가 덤으로 장바구니를 채운다. 오늘은 장날 풍경 속에서 나를 비추는 거울을 봤다.

어느 여름날의 단상

매스컴은 연일 기상이변 뉴스를 전한다. 더위에 눌려 주체할 수 없지만 온종일 에어컨에 의지하기도 딱할 지경이다. '여름이니 더워야지.' 하며 이열치열 해내던 몸이 땡볕 아래 풀잎처럼 늘어진다. 늘어져 있는 처지도 탐탁지 않아 내 방식의 피서를 나선다. 인근 산의 계곡은 이미 만원이다. 겨우 비집고 계곡물에 발을 담그니 전신에 눌어붙었던 열기가 조금씩 빠져나가는 듯하다.

겨우 몸이 진정되니 눈이 심심해진다. 맹한 시선을 이리저리 기웃거리며 초록 생명체들의 여름나기를 살피는데, 물속의 발이 간지럽다. 언제 어디서 나타났는지 알 수 없으나 송사리가 발 주위를 맴돌며 입질을 한다. 이미 많이 해본 솜씨인 듯 당당하다. 이 녀석들은 여름 한 철이 계곡의 주인인 양 겁 없이 사람들의 발에 접근하며 새 먹이를 탐한다. 불은 발바닥의 각질이 먹이가 될 줄이야.

그들의 동정을 살피는 데 재미를 붙인다. 자세히 보니 계곡물은 손가락보다 작은 송사리 떼의 아지트였다. 그 속에도 무수한 생명이 바삐 살아가고 있었다. 사람이 몰리는 여름 계곡에는 먹이가 부족하지 않을 것이고, 맛있는 것들로 한 몫 볼 텐데, 사람의 발을 맴도는 이유가 뭘까.

시선이 물속에 꽂혔다. 녀석들의 움직임을 이리저리 추적하다 보니 펑퍼짐한 바위 밑을 들락날락한다. 사람의 눈에 잘 띄지 않는 이곳이 보금자리이고 마치 우리도 집이 있다며 자랑하는 듯 보인다. 산천어에게는 여름 한철이 피크일 것이지만 겨울철을 견뎌내려면 은신처가 필요할 게다. 개중에는 혹한을 운 좋게 살아남은 개체와 신출내기가 섞여 있는지 몸집이 제법 차이가 난다. 덩치가 제법 큰 녀석이 무리를 이끄는 신호를 보낸 듯 우르르 몰려들었고 유유히 달아났다.

주어지는 환경에 순응할 뿐이다. 물고기의 눈에는 물속 세상만 보이지 바깥세상은 알지 못할뿐더러 관심도 없다. 물 밖 세상까지 욕심부리며 허둥대지 않으니 허락된 시간을 여유롭게 즐길 줄 아는 것 같다. 강태공을 만나 삶을 접어야 하는 순간이 온다 해도 그 직전까지 자유롭게 유영하며 자신의 기쁨을 위해 애쓴다면 충분하지 않을까. 담백하게 보이는 만큼 보고, 있는 대로 보고 사는 것도 '잘 사는 삶'이 되지 싶다.

나 또한 권역에 귀속되어 살아가면 된다. 내가 속한 작은 집단과 지역에 적응하고 거리나 관계가 동떨어진 세상 밖의 일에는 아예 무심해도 괜찮을 것이고, 생활권을 벗어나면 강 건너 불처럼 관심이 줄여야 한다. 그러나 언제부터인지 동네방네 세상 돌아가는 이야기를 다 알아야 하고 알고 싶은 듯, 정보에 귀를 세우고 휴대전화에 눈을 꽂고 산다. 내 생활에 직접 영향을 미치는 일이 아니면 계곡의 피라미처럼 무관심해도 될 듯한데도.

이런저런 생각을 하다가 녀석들의 동태를 놓치고 말았다. 무리를 찾아 기웃거리다 가방 속 누룽지가 생각났다. 얼른 하나를 부수어 물 위에 흩었더니 와르르 몰려들었다. 먹이를 보고 달려드는 것은 당연하지만 모두에게 먹이는 아니었다. 작은 녀석들은 허옇게 떠있는 부스러기가 커서 입질만 할 뿐 물지 못한다. 새끼들이 계속 헛수고를 하는 동안 그중 덩치 큰 녀석들이 순식간에 먹어 치웠다. 큰 녀석들은 횡재했을 것이고 작은 녀석들은 별 도움이 되지 못해 안타까웠지만 이게 동물의 세계만이 아니고 우리가 사는 세상이다.

세상살이가 점점 바빠진다. 인터넷이나 휴대폰이 없는 세상을 상상하기 어려울 만큼 앉아서 구만리를 보아야 한다. 모르는 것보다 아는 것이 더 힘이 되겠지만, 더 알기 위해 온종일 동동거리는 것도 생각해 봐야 하지 않을까. 물리적 거리 두기가 일상화된 요즘은 단체 톡에도 자주 인기척을 내야 심리적 거리가 멀어지지 않는다. 그러니 휴대폰을 들고 가상 세계에 지내는 시간이 무의식중에 늘어나 당장 급한 일조차 깜빡하기도 한다. 주어진 대로 살아가는 미물의 생태를 보고 있으려니 내 사는 모습과 묘한 대조를 이룬다.

사람과 사람 사이에 인터넷이 존재하는 세상이다. 너나없이 거대한 그물망에 코를 꿰어 빤히 보이도록 얽어맨 시대이니 동동거리지 않을 수 없다. 소통방식이 바뀐 세태에 편승하려면 휴대폰에 촉각을 세우고 타이밍을 놓치지 않아야 한다. 즉각 반응이 필수라면 네트워크 세상을 잘 사는 방법은 폰을 옆에 끼고 사는 것일까. 그러면서 오지랖 넓게도 나와 크게 상관없는 세상사까지 뒤적거리며 시간을 소모하는 것은 또 어떻게 해석해야 할까.

오유지족이란 말이 있다. 남과 비교하지 않고 오직 자신에 대해 만족하라는 가르침이 담긴 말이다. 나이가 가르친다던 옛 어른 말씀처럼 육십 고개를 넘어섰으니 유행에 따라가기보다 자신에게 맞는 옷을 입을 줄 알아야 하고, 아둥바둥하던 짓도 좀 줄여야 한다. 세상을 헤아리는 눈이 조금 나아지면 좋으련만. 단순하게 주어지는 대로 적응하고 수용하면 마음의 안온함을 깨지 않을 듯하다. 일부러 못 본 척하기도 하고 못 들은 척 어눌해지는 연습도 필요하지 싶다.

주인처럼

주말농장을 분양받았다. 남들이 채소 농사를 지어 자급자족한다는 말에 솔깃한 것은 아니다. 흙을 만져본 경험이 넉넉한 것도 농사일에 관심이 많은 것도 딱히 아니다. 굳이 이유를 붙여보자면, 지금 시점에서 뭔가 새로운 출구를 모색해 봐야겠다는 생각에 끌렸다는 점이다.

엉겁결에 두 이랑이나 욕심을 냈다. 농장 울타리의 매화가 꽃망울을 매단 시간인데 벌써 풀들은 모닥모닥 모여 초록을 피우고 있다. 겁도 없이 덜컥 받은 잡초밭이 푸른 보리밭 같다. 이대로 그냥 두면 점점 두꺼워질 햇살을 먹고 뒹굴어도 좋을 풀밭이 될 성싶다. 엉거주춤 서서 보고 있자니, 때 이른 초록에 눈이 머물고 벌써 농사를 잘 지은 듯이 생뚱맞게 흐뭇해진다. 새로운 작업에 대한 기대와 설렘으로 이미 마음 그득 부자가 되었다.

밭은 원래 잡초들의 아지트였겠지. 원주인이지만 작물을 심기로 허락받은 지금은 자리를 비워줘야 겠는데. 마치 신대륙을 찾은 이들이 개척이란 명분으로 인디언을 내쫓는 격이다. 막상 그들을 쫓아내려니 미안한 마음이 없지 않다. 구르는 돌이 박힌 돌을 빼내도 분수가 있는 법이다. 동정은 가지만 현실은 달라, 이랑에 깊숙이 박혀 잡초가 지지하던 흙은 털고 추려내기 시작한다. 생각보다 뿌리 깊은 잡풀을 제거하는 일이 만만치 않다. 얼마나 더 소탕해야 할지 까마득하지만 일단 마음먹은 이상 물러날 수 없다.

풀 무더기가 끝이 없다. 마치 풀과의 전쟁을 선포한 듯 호미와 삽은 물론이고 쇠스랑까지 동원했으나 하룻강아지 범 무서운 줄 모르는 작전이었다. 뽑아낸 풀이 손수레에 수북이 쌓이고 오전 작업이 끝날 무렵인데도 아직 한 이랑도 채 못 추려냈다. 겨우내 푸른 기운을 잃지 않고 버텨낸 풀들이 대견해 보이던 첫인상과는 달리, 심을 작물들이 지기地氣를 잘 받으려면 말끔히 제거해야 겠다고 슬며시 마음이 돌아서며 조삼모사해진다. 몸 여기저기서 슬슬 주리를 틀기 시작해도 중간에 그만두면 언제 다시 손댈지 기약할 수 없으니 오늘 내로 풀 뽑기는 끝내야 겠다고 마음을 다잡는다. 두 고랑 작업을 끌다 보니 하루해가 꼴깍하는 시간이 되었다. 마치 톨스토이의 단편《사람은 얼마나 많은 땅이 필요한가》속의 미련스러운 바흠 같다.

이젠 백기를 들어야 할 시간이다. 아무래도 풀더미를 완전히 제거하기가 불가능하겠다는 생각에 미치자 집착이 풀린다. 다잡던 마음을 푸니 운 좋게도 살아남은 얼마간의 풀더미에는 너그러워진다. 서둘러 거름 몇 포를 뿌리고 흙과 뒤집어 섞으며, 두 주 정도 뒤에는 비옥해질 밭을 기대한다. 첫 작품으로 어떤 작물을 심으면 무탈하게 자랄지 기대까지 얹어서 검은 비닐로 두둑을 덮었다.

원래 신참은 눈치가 빨라야 한다. 옆 고랑을 분양받은 농부의 일거수일투족을 기웃거린다. 삽질이나 풀을 뽑고 흙을 다듬는 손동

작이 자연스럽고 노련해 자꾸 주시하게 된다. 쏟아부은 시간이 말하고 경험이 말하겠지만 새내기의 입문 상식을 넓혀 보려 이런저런 질문을 했다. 친절한 설명을 들었으나 농사 경험이 일천한 나에겐 그림의 떡처럼 와닿지 않는다. 씩씩하게 잘 키운 풋마늘밭의 재배담에 그 노하우가 부럽긴 하나, 속내는 진짜 농군은 되고 싶지 않았다.

건너편 두둑에는 푸성귀들이 사열받듯이 오와 열이 반듯하게 심겨 있다. 잡초가 보이지 않는 밭에서 농부의 손길 따라 작물이 자란다는 말이 실감 났다. 옆 두둑의 고참 농부는 잡초 제거를 누누이 강조한다. 고랑에 있는 잡초까지 보이는 족족 뽑아야 작물이 거름을 온전하게 먹을 수 있단다. 아직 어떻게 가꿀지에 대한 감은 없으면서 무엇을 심을지에 관한 생각들은 머릿속에 가득 찬다. 심기만 하면 작물들이 쑥쑥 커갈 거라는 착각이 즐겁고 농사를 아무나 할 수 있는 일쯤으로 덤빈 용기가 가관이다. 잘 모르면 용감하기라도 해야 한다고 셀프 격려까지 보탠다.

세상에! 모종을 심기 위해 보름 만에 검정 비닐을 걷었더니 연해지긴 했지만, 잡초들은 생생하게 살아 있었다. 볕을 박탈당한 잡초들은 숨죽이고 때를 기다린 모양이다. 햇살과 거름을 먹고 더 씩씩하게 몸집을 키운 밭고랑의 잡초들과 두둑에서 겨우 명맥을 잇고 있는 풀들을 야멸치게 솎아내며 다시 소탕 작전에 돌입한다.

며칠 후 다시 밭에 갔을 때는 더 놀라운 상황이다. 모종 사이사이에 비집고 올라온 잡초는 대충 구분하겠으나, 씨앗을 뿌린 곳에서 자라는 잡초는 잡초인지 작물인지 분간이 안 된다. 더 키워서 제 모습이 드러날 때 제거하리라 마음을 먹었지만, 성큼성큼 커가는 잡초에 눌려, 뿌린 씨앗이 발조차 못 붙일까 봐 걱정된다. 잡초가 밭 주인인지 작물이 주인이 되어야 하는지 분간이 되지 않았다.

잡초에게 배운다. 주어진 여건에 불평불만하지 않고 끈기 있게 버티는 힘이다. 비록 내가 제거해야 할 대상이긴 하나 새삼 대견하다. 뿌리가 흙에 묻혀 있다면 어떤 상황에서도 기어이 명을 포기하지 않는 잡초에게 힘을 얻는다. 온종일 밭고랑에 쪼그리고 앉아 잡초를 제거하느라 몸은 녹초가 되었으나 마음은 평평해졌다. 더도 말고 잡초처럼!

잡초는 어떻게든 비집고 살아간다. 원래 자기구역인데 침략당했다고 생각했는지 초보 농군의 마음을 들었다 놓았다 하는 고수다.

이웃들이 잡초에 지청구할 때 나는 속으로 호기롭게 풀과 나눠 먹지 싶었는데, 막상 농군이 되니 그게 아니었다. 살금살금 커가는 모종은 눈에 넣어도 안 아플 자식처럼 예쁜데 성큼성큼 자라며 버젓이 주인 행세를 하려는 잡초는 눈엣가시처럼 거슬려지는 것을 어찌하면 좋으랴. 애초 미안한 마음은 간 곳 없고 뽑아야 겠다는 마음이 잡초처럼 굳세게 자란다.

지는 것이 이기는 것이다

한탕했다. 몇 날 며칠을 속앓이하다 급기야 맞붙고 말았다. 눈초리가 희번덕이고, 목소리에 날이 서고, 말 파편이 튀며 밀리지 않으려 안간힘을 썼다. 마음속이 바늘 하나 꽂을 틈조차 없을 만큼 옹색해졌다.

사실 며칠 전부터 마음 언저리가 슬슬 굳어졌고 주고받는 말 하나하나에까지 촉이 세워졌다. 징검다리 건너듯 조심조심 건너며 속내를 다독이던 차였다. 허허거리며 살 때는 존재조차 느껴지지 않던 마음자리가 이상하게도 한 생각에 꽂히면 점점 단단해지면서 힘이 빠진다. 일상생활조차 태풍 전야처럼 우중충해져 냉기를 머금은 회오리바람이 여기저기서 시시때때로 일었다. 공公은 공公이고 사私는 사私라 여기는 내 방식으로는 알 수 없는 처사였다.

일 처리에 언제나 원칙과 절차를 중시했다. 부분보다는 전체를, 코앞보다는 한 걸음 앞을 봐야 한다고 강조하곤 하였다. 내가 옳다고 판단되는 일에는 함께하는 사람들을 설득하고 설명하며 그 타당함을 이해시키고 관철하려 애를 썼을 것이다.

연년생으로 자란 나는 어릴 적 동생과 자주 다투었다. 야속하게도 엄마는 언니인 내가 먼저 양보하지 않고 동생을 갉는다고 늘 꾸지람을 했다. 동생은 재치가 있고, 또록또록해서 집안 어른들의 귀여움을 많이 받았다. 상대적으로 나는 제 기분조차 표현이 모자라 아주 어수룩했다. 그러니 동생에게 말이나 행동에 번번이 밀리고 씩씩거렸다.

할머니는 그런 나의 모습이 애연하셨던지 "야야, 지는 기 이기는 기다."라는 말씀으로 위로해 주시곤 하였다. 그럴 적엔 할머니 품에

와락 엎어져 참았던 눈물 한소끔 쏟고 나서야 다시 평상심으로 돌아가곤 했다. 동생에게 지지 않으려는 알량한 자존심으로 뭐든 잘해야 한다는 강박이 그때 생겼는지도 모르겠다. 행동으로 드러내지 않으려 조심했겠지만, 매사에 지기 싫어하는 성격이 되었다.

그런 성격 탓에 자신이 무한 힘들고 괴롭더라도 마음먹은 일은 무조건 해내야 직성이 풀리고 그러지 못할 때는 끝없는 자책이 이어졌다. 그런데 아무리 힘껏 하더라도 되는 일이 있는가 하면 되지 않는 일이 더 많다는 것을 어느 날 문득 깨닫게 되었다. 그만큼 하면 될 듯했는데 결과적으로 낙오가 되기도 했고, 우연히도 별 노력 없이 그저 얻어질 때도 없지 않았다.

시간이 많이 흐른 후 자신을 돌아본다. 자신을 괴롭히며 기어이 해냈던 일들이 어이없게도 훗날 발목을 잡는 족쇄가 되기도 했고, 또 당시에 어설프고 아쉬웠던 일들이 새삼 든든한 초석이 되기도 했다. 또 어쭙잖게 여겼던 실오라기 같던 인연이 점차 동아줄이 되기도 하고 밧줄인 줄 알았던 관계가 끊어지거나 포승줄이 되고 만 기억들도 들춰진다. 나이가 사람을 가르친다고 했던가. 한순간에 몰입하여 일비일희一悲一喜할 일이 아니라는 생각이 이제야 스친다.

일체가 유심조一切唯心造라 했다. 수없이 들었고 잘 알고 있건만 내 삶에 거름이 되지 않는다. 세상살이에 옳은 것도 없고 그른 것도 없단다. 다만 순간순간마다 마음이 만들어내는 허상이란다. 지금껏 옳은 것과 그른 것을 구별하고 그 기준에 따라 쳐내기도 하고 꽉 잡고 놓지 못해 전전긍긍하던 날이 그 말 앞에서 사정없이 무너진다. 거 머시라꼬! 시간이 좀 지나고 보면 아무것도 아닌 것을. 몇 날 며칠을 속 썩이며 보낼 가치가 전혀 없었음을 느끼는 순간, 볼품없는 내 그릇에 다시 허탈해진다.

우주에서 보면 지구는 한 점에 불과하단다. 70억 명이 사는 지구에서 나는 초미세먼지보다도 작아 표기조차 불가능한 존재이다. 그런 너가 날마다 시시비비를 따지는 일은 남의 일일 때는 헛웃음이 날 일이고, 나의 일이라 해도 한참 지난 후라면 쓴웃음이 날 일이다.

어리석게도 한탕하고 나서야 이기고 지는 것이 별 게 아님을 느낀다. 막상 일을 당할 때는 참을 수 없는 분노로 어쩔 줄 몰라 한다 해도 얼마 지나고 나면 실소를 금치 못할 일로 전락한다. 조금 더 지나고 나면 기억에서조차 사라지고 만다. 그 시차를 생각해 본다.

어차피 시간이 지나면 별거 아닐 바에야 지금부터 별거 아니라고 생각한다면 누이 좋고 매부 좋은 일이 되겠지.

사람 사이에서 나만 편하게 살 수는 없다. 우선 내 마음이 편해야 상대방의 마음에 구정물을 튕기지 않는다. 상대를 불편하게 하려면 내 마음의 균형을 먼저 흩트려야 한다. 가장 단순한 이치인데 늘 혼란이다.

오늘 기어이 한바탕하고 만 일이 훗날에 초석이 되면 좋겠다. 별거 아닌 일에 소리를 세우고 따닥거린 오늘도 나름의 의미 있는 날이 되기를 바라본다. 비 온 자리 땅 굳듯이.

제4부
느끼고 깨달은 것들

잡초

수련원에 갔다. 모 단체에서 주관하는 프로그램인데 몇 년째 벼르던 차에 용케도 참가 기회를 얻게 되었다. 이 과정을 마치면 뭔가 속이 시원해지리라고 막연히 기대하던 터였다. 지난 시간을 되돌아볼 좋은 계기라 설레었던 것과는 달리 일정을 빡빡하게 밀어붙이는 바람에 생각할 겨를없이 좇아가기에 바빴다.

다음날 아침 모닝콜과 함께 눈을 뜨자마자 선 눈으로 마당에 모였다. 다짜고짜 호미를 주며 마당의 잡초를 뽑으라 한다. 조건 없이 잘 따라 해봐야 겠다는 시작할 때의 심사와는 달리 은근히 저항이 올라온다. 잠자리에서 일어나 세수는 하고 모여야 할 것이고 최소한 입 청소는 해야 한다는 습관에서 오는 불편함이었다.

어설픈 호미질을 한다. 마당에 있는 풀이 모두 잡초인지, 무엇을 뽑고 무엇을 남겨야 할지 망설여진다. 옆 사람을 슬쩍 보니 안내하는 대로 무작정 따라간다. 토닥토닥 호미 소리가 마당을 채운다. 서양 잔디처럼 생겼으나 키가 좀 큰 풀들이 옹기종기 모여 있다. 얼른 자리를 옮겨 잡풀이라 보이는 것들을 캐는 데 마음을 모은다. 잔잔한 풀이지만 겉보기와는 달리 뿌리가 튼실하여 땅바닥에 깊이 박혀 있다. 시작한 김에 뿌리 끝까지 제거하려고 한참 톡톡거리고 나니 제법 수북이 쌓였다. 뽑아낸 풀을 한 움큼 집어 들면서 마치 마음의 잡초를 뽑은 착각이 든다. 그 순간에야 왜 이런 작업을 시키는지 알 듯했다.

셋째 날 아침 또 마당 집합 명령이 떨어졌다. 전날보다는 덜 부담스러웠지만 마치 수련생을 환경미화 작업에 동원하는 듯해 다시 부정적인 느낌이 올라온다. 이왕에 참가한 수련인데 싫은 내색을 할 수 없어 선선히 호미를 쥐고 또 마당을 살핀다. 어제의 작업으로 앞마당은 많이 정비되었으니 옆 마당으로 갔다. 옆 마당의 풀들은 앞마당하고는 풀빛도 다르지만 사는 종種이 달랐다. 햇살을 좋아해 튼실한 앞마당 잡초와는 달리 연하고 부드러워 보인다. 쪼그리고 앉아 다시 호미질해댄다. 뿌리도 섬섬해 잘 뽑히지 않고 끊어진다. 하나하나 조심스레 뽑으려니 호작질하는 것처럼 모양새가 어설프고 앞마당처럼 뿌리까지 뽑으려는 나의 의도는 만만치 않았다. 호미를 눕혀 땅바닥을 긁었다. 일단 잡초들이 표면에 당장은 보이지 않게 되었지만, 마음은 깔끔하지 못하다.

작업을 마친 후 참가 일행 중에는 너저분한 잡초를 제거해서 개운하다는 반응이 있는 반면, 잡초에 미안했다는 의견도 있었다. 마당의 풀 뽑기는 자신의 의지가 아님에도 타 생명을 해치게 되었다고까지 변론했다. 말끔히 정돈된 마당을 유지하려면 풀씨의 정착을 용납해서 안 된다는 입장과 모든 생명은 나름의 의미가 있다며 서로 다른 생각을 세운다. 풀이 가득 찬 마당이 빈 마당보다 나을 듯도 하고 풀 한 포기 없이 깨끗한 마당이 나을 듯하기도 하여 나는 어느 쪽이라 해야 할지 잠시 고민스러워졌다.

잡초는 시도 때도 없이 잘 자란다. 땅바닥 가까이 숨어 있던 넉살 좋은 풀씨가 틈만 있으면 비집고 올라오니 귀찮은 존재쯤으로 오인될 수도 있었으리라. 잡초에겐 그 정도의 푸대접쯤 아랑곳하지 않는 탁월한 내공이 있다. 비가 오지 않으면 잠시 멈춰 기다릴 줄 알고 해가 쨍쨍해도 기죽지 않고 버텨내며 강풍조차 거뜬히 견뎌낸다. 스스로 잡초로 생각하는지 스스로 잡초가 아닌 군자라고 생각하는지 알 바 없지만, 한 줄금의 비라도 무심히 지나치지 않는다. 때를 놓치지 않고 성큼성큼 몸집을 키우는 강 긍정의 생명체임에는 틀림없다.

잡초가 무엇일까? 들풀도 때가 되면 꽃을 피우며 주어진 한 살이를 살아간다. 나와 무관하면 그냥 시선을 집중하지 않는 풀에 불과하다. 그러니 보기에 따라 초록빛 풀밭이 될 수도 있을 것인데 다래끼처럼 마뜩잖은 감정이 끼이는 순간 영락없이 잡초로 전락한다. 아무리 그럴싸한 꽃을 단다 한들 내 눈에 잡초라고 여기게 되면 마음이 불편해지는 것은 마찬가지다. 그럴 때면 가차 없이 뽑아야 한다.

내 마음밭의 잡초도 마찬가지이다. 마음밭에 무성하게 자란 잡초로 얼마나 심란해하며 모조리 베어내고 싶어 했었던가. 지금껏 나를 끙끙대게 했던 것이 잡초이고 나를 기쁘게 했던 것은 진짜 잡초가 아니었을까. 이름조차 모르지만, 최소한 내 마음에 들어올 수 있도록 수락했을 때 싹을 틔웠을 것이 아닐까.

산부재고 유선즉명山不在高 有仙則名*이랬다. 산이 높지 않아도 신선이 있으면 명산이라는 뜻이지만 '산이 높다 낮다.'도 내 마음이 정하는 것이요, '신선이 있다 없다.'도 내 마음이 정하는 것으로 해석한다. 내 마음에 따라 명산이 되듯이 잡초 또한 내 마음이 정하기에 달렸다.

누구든 마음에 잡초 없이 살 수 없다. 잡초를 키우지 않는 것이 가장 좋다고들 쉽게 말하지만 그게 어디 쉬운 일인가. 널브러진 잡초로 끙끙대며 살아가든지 그때그때 정리하여 가벼운 마음으로 살아가는 것은 순전히 내 몫이다. 한 발짝 올라서서 자라나는 잡초를 잡초로 보지 않는 오롯이 밝은 눈을 갖는 것 역시 내 몫이다. 어차피 함께 살아가야 한다면.

* 당나라 문인 유우석의 시 〈누실명陋室銘〉 일부

그러니까요

푸른 오월이다. 초록 세상은 계절 변화의 주기상 가장 생명력이 넘실대는 시절이다. 새로 돋은 잎은 여린 빛깔과 반질거리는 맵시로 보는 이에게 기운을 실어준다. 이때를 맞이하려고 어린싹은 얼얼한 꽃샘추위도 용케 버텨냈다. 마치 존재 이유를 아는 듯한 새 생명의 투지가 새삼 놀랍다.

풀벌레 한 마리가 뒤집혀 있다. 먹이 풍족한 이 계절에 풀밭마저

마다하고 길 한복판에서 삶을 외면하였다. 무슨 사연인지 일찍 등장하고 일찍 사라지기로 작정한 모양이다. 남보다 이른 때에 세상살이를 시작했다고 먼저 떠나고 싶었을까.

얼마 전 삶을 마감한 한 지인의 모습이 겹쳐온다. 풀벌레처럼 푸른 오월을 영원으로 묻은 지인은 백세 시대에 환갑도 못 넘기고 바삐 생을 접었다. 그녀는 남다른 열정과 끈기 있는 성품으로 늘 우리의 우상이었다. 곧고 정갈한 천성대로 자신의 육신도 스스로 추스르고 가늠할 때까지 명을 잇기로 작정했는가 보다. 병마가 붙은 지 일 년을 못 넘기고 생을 마감했다.

오래 사는 삶이 현실이 되었다. 의료기술은 날로 그 바람을 뒷받침하고 있고 거리에는 요양병원이 뺌뺌이 들어서고 있다. 생명이 소진하는 날까지 돌봄 서비스를 받으면서 훌훌 털어내고 가벼워지는 것을 배우는 곳이다. 죽음에는 예외 없다는 진리를 반증하듯이 나의 지인도 순순히 수순을 따랐다. 남다른 강단에도 불구하고 나날이 야위어갔고 자신을 가누기조차 힘든 상황이 되어 더 이상 줄일 수 없을 만큼, 더는 비울 게 없을 만큼 가벼워지며 귀천을 준비했다. 자기 한몸조차 스스로 추스를 수 없는 상황에서 가장 요긴한 일은 두엇일까. 몸도 가볍게 해야겠지만 세상을 향해 뿜어대던 욕망을 거둬들이고 좁히고 줄이는 작업이지 않을까.

오래 사는 만큼 필요한 것도 많아졌을까. 남은 우리를 향해 훠이훠이 손짓하면서 심산계곡으로 숨어든 지인은 지녔던 모든 것을 고스란히 제자리에 두고 어느 하나 가져가지 못했다. 그 이치를 몰랐을 리 없었겠지만 영靈이 된 지금에서야 끌어모으기에 급급한 우리의 세태가 가소로울지도 모른다. 방문을 여니 주인 잃은 찻상과 찻잔에 눈이 먼저 가고, 주인의 흔적이 남은 방석에 눈이 멈춘다. 주방의 그릇장에는 애지중지 모셔두고 보는 것으로 족했을 사기그릇이나 라벨조차 떼지 않은 유리그릇들이 덩그러니 애처롭다. 단출한 살림이지만 하나하나 사들일 때 마음은 이처럼 쉽게 떠날 줄 몰랐을 게다. 바삐 떠나느라 주인은 만남의 기쁨을 되돌아보며 그들과 이별식이라도 했을까.

내 집안을 둘러본다. 집 안 구석구석에서 버티고 있는 가재도구들이 오늘따라 주인 잃은 지인의 살림살이처럼 생경하다. 없어도 좋을 것들, 있으나마나한 것들이 그대로 우두커니 자리를 차지하고 나의 처분을 기다리고 있는지도 모르겠다. 어느 하나 소중하지 않은 게 없을 거라고 여겼지만 지금은 전부 없어진다 해도 아쉽지 않을 것 같다. 이런저런 연유로 모여들었을 기물들이 나에게 묻는다. 무엇을 가져가고 싶으냐고.

왔으니 가야 한다. 어떻게 돌아가든 본래 자리로 돌아가야 하는 것은 정해진 사실이다. 수북수북 채워가는 이 계절을 택해 떠난 지인은 이어진 고리를 끊고, 맺어진 매듭을 풀기에 덜 황량했겠다. 남 먼저 떠나는 길에도 안타까워하는 자식 하나 없으니 떠나기가 좀 홀가분했을까. 숨이 멎자 매달리며 통탄하는 혈족조차 없어 담담하게 절차에 따른다. 한 삶의 마무리를 지켜보면서 살아있는 동안 채워야 할 것과 비워야 할 것을 다시 생각하게 된다.

내 삶의 과제는 무엇일까. 부름을 받아 왔다면 무엇을 채워야 할지 이제야 궁금해진다. 그냥 오진 않았을 거라 생각하니 나의 존재가 새롭기도 하다. 세상은 나로 인해 존재한다. 세상의 모든 것들은 내가 있고 나와 연관됨으로써 존재감을 가질 따름이다. 그들과의 인연은 나에게 명命이 허락되는 시점까지다. 늦었지만 지금이라도 나를 숙성시킬 시간을 찾아내야 한다. 그러려면 삶의 덩치를 간소하게 줄여야겠다. 우선 바깥 잣대에 맞추기 바빴던 시선을 안쪽으로 돌려 내 안의 소리를 들어 보련다. 앞앞에 말 못할 이야기를, 버겁지만 버텨왔던 시간들을 쏟아내고 자신을 진정시킬 작업이 더 필요하겠다.

흔히 인생의 황금기를 60대 중반 이후부터라고 말한다. 지인은 자기 삶을 누리기는 고사하고 일에 휘둘려 종종거리다 이 말 저 말 없이 떠났지만 남겨진 흔적들은 보는 이로 하여금 그 앞과 뒤를 살피게 한다. 어느 시절인들 걱정 없는 때가 있을까마는 굽이굽이 돌아온 길에서 성숙해졌다고 최면이라도 걸어야 할 판이다. 철학자조차 이순을 지나서야 생각이 깊어지고 인생이 무엇인지, 세상을 어떻게 살아야 할지 알았다 하니 미욱한 나는 지금부터 따라가면 되려나….

지인은 이런 나에게 무슨 말을 하고 싶을까.

무명용사의 길

속절없다는 말이 딱 맞다. 역사적이나 사회적으로 엄청난 사건일지라도 당대의 시련일 뿐 후손들의 관심은 퇴색되기 마련이다. 개인적으로 안타깝기 그지없는 일조차 시간의 흐름에 따라 잊히고 무뎌지는 것도 어찌할 도리가 없다. 기억하려는 노력보다 세월의 힘이 더 센 까닭에 원하든 원치 않든 순응해야 할 따름이다.

유엔기념 공원에 가끔 산책간다. 공원 한쪽에 '무명용사의 길'이라 명명된 곳이 있다. 약간의 경사진 도로 양옆에는 계단식 사각 수조처럼 생긴 칸의 못이 있고 물이 차고 넘치면 흘러내려 다음 칸을 채우고 다시 넘치는 만큼 흘러내린다. 수로라는 말이 더 맞을 듯한 이 연못에는 물이 고이고 흐를 뿐, 물고기나 수초 한 포기 없는 맨탕이다. 맨 위 칸에 분수를 설치하여 물기둥이 간간이 치솟아 오르며 물소리를 내지만 주변의 시선을 끌지 못하는 조형물에 불과해 보인다. 조형물을 설치한 작가는 그 빈 바닥에 흘러가는 물길로 덧없는 세월을 이야기하고 싶었을까.

물길에 비친 구름에 눈길을 두고 걷는다. 공원 하늘 높이 흩어져 있는 구름은 마치 이름 모를 용사들이 내려다보며 자신이 목숨 바쳐 지켜낸 나라를 응시하고 있는 듯하다. 솟구치는 물기둥이 무명용사의 넋을 어루만지며 달래는 듯하고, 무덤덤하게 내려가는 수조의 물은 안타까운 행적을 다시 생각하게끔 만든다.

무명용사의 길은 6·25전쟁에 참전하여 유골조차 수습하지 못한 많은 젊은이를 위로하는 뜻에서 만들어졌다. 세계 각국에서 모인 청춘들이 유엔군의 이름으로 한국을 지원하였기에 밀고 밀리는 전쟁에서 나라를 지켜낼 수 있었을 것이다. 생명을 담보한 유엔군의 희생과 원조 덕분에 우리는 오늘을 살게 되었으나 정작 그들의 삶은 사라지거나 큰 상처를 입었다.

처음 그곳에 갔을 때 얼어붙은 듯 꼼짝할 수 없었다. 인류평화와 자유를 수호하겠다는 거룩한 뜻을 갖고 달려온 청춘들에게 무슨 말이라도 해야 할 것 같은데 아무 말도 생각도 나지 않았다. 애석하고 비통한 마음에 숙연해질 뿐이었다. 다시 찾았을 땐 처음만큼 충격스럽지는 않았다. 여러 번 지나면서 점점 둔감해지는 것은 나만의 반응일까. 잊어서는 안 될 애달픈 사실조차 시간의 늪에서 차츰 퇴색하고 옅어진다.

무엇을 이룬다는 것은 자신의 물길에 잉크 한 방울을 떨어뜨리는 일에 불과하다. 순간적인 흔적일 뿐이다. 흘러가면서 희석되어 본래의 무로 돌아간다. 일들이 눈앞에 주어졌을 때는 분발하게 되나, 지나고 보면 그때만큼 절실하거나 대수롭지 않아 무색해지는 때가 허다하다. 역류할 수 없는 물길처럼 시간은 역사 속으로 흘러갈 뿐이다. 뭔가를 끊임없이 열정적으로 해내지만 흘러가는 과정일 뿐이다.

마침 오늘은 '턴투워드 부산' 행사가 있는 날이다. 참전용사인 캐

나다의 빈센트 커트니 씨가 2007년 처음으로 제안해 매년 유엔기념 공원에서 열리는 6·25 참전용사에 대한 추모식이다. 한국전쟁에 참전했던 22개 국가의 참전용사들의 넋을 기리기 위해 매년 11월 11일 오전 11시 정각, 1분 동안 전 세계가 일제히 부산을 향해 묵념을 올리는 행사이다.

연세가 지긋한 분들이 굳은 표정으로 서성거린다. 행사에 참석하기 위해 이역만리 먼 곳에서 달려온 벽안의 노장 신사들이다. 그날을 기억하고 상처를 떠올리는지, 행사를 마쳤으나 자리를 뜨지 못하고 군데군데 모여 있다. 전우의 짧으나 짧지 않은 삶을 애도하는 표정이 역력하다.

시대적 위기에 희생양이 된 사실을 알고 있는 나는 노신사의 심정이 충분히 짐작된다. 마음 같아서는 무어라 감사드려야 할 것 같고, 위로해야 마땅할 일인데 곁눈질하며 그 옆을 지나치고 말았다. 말 한마디도 나누지 못한 채 돌아오는 내내 꺼림칙하다. 야박한 내 성정 탓이다.

우리는 알게 모르게 타인의 도움으로 살아간다. 알게 된 사실은 고마움을 전해야 하고, 모르는 사실일지라도 또 다른 타인에게 도움이 되리라 믿으면 따듯하게 살 수 있을 듯하다. 자신에 크게 손해되지 않는 일일 때는 가능할 일이나 자신의 생명까지 희생될 수 있는 큰일에는 마음 내기가 쉽지 않다. 젊은이들이 남의 나라의 자유와 평화를 지키기 위해 용기를 낸 일은 후 세대에게 전수해야 하고 두고두고 고마워해야 할 일이다.

후손은 전前세대를 기반으로 살아간다. 전장에서 살아남은 자들은 시신이라도 거두어 작은 땅에 이름 석 자라도 세워두고 추모하고 싶은데, 무명용사는 그조차 남기지 않고 떠났다. 세상에 나타났다가 때가 되면 사라져야 한다는 사실에는 누구나 예외가 될 수 없다. 뭔가 대단한 일을 하는 것처럼 보여도 지나고 나면 한 점조차 남기지 못하는 게 세상살이의 이치이다. 무명용사의 길에 서서 분수로 시작된 물길이 흘러 내려가는 것을 지켜본다.

우리도 무명의 길을 걷고 있다.

사람 구경

그날도 그랬을까? 거대한 쓰나미가 밀려오듯이 사람 떼로 밀어붙이는 인해전술을 방불케 한다. 이 나라에 인구가 많다는 것은 알고 있었지만, 이 정도일 줄이야…. 행렬에 밀려 옴짝없이 흐름에 따라가던 날, 난데없이 인해전술이 생각났다. 6·25 때 우리 국군과 유엔군이 인천상륙작전 성공으로 통일을 눈앞에 둔 상황에서 중공군의 개입으로 후퇴하지 않을 수 없었다던 눈물겨운 그 역사

적 사실이 '지금 여기'에서 연결 지어지는 것은 무슨 조화일까.

그들은 사람 떼였다. 총알에 맞서 인민군의 "돌격 앞으로 갓." 명령에 복종해야 했던 것처럼 나 또한 내 의지와는 관계없이 거대한 무리의 움직임에 순순히 따라야 했다. 전체가 한 덩어리가 된 것처럼 앞사람이 앞으로 몇 걸음 나아가면 나도 따라 옮겨야 했고, 멈추면 같이 서야 했던 것은 입장표를 사기 위해 줄을 서는 순간부터였다. 마치 보이지 않는 힘이 작용하는 듯 모두가 일심동체 하는 군중이 신기했다.

중국 시안의 화산華山을 찾아갔다. 화산은 허난성과 산시성 사이에 둔 해발 이천 미터가 넘는 봉우리와 웅장하고 험준한 산세로 중국에서 다섯 악산에 든다고 한다. 화강암으로 이뤄진 다섯 개의 기이한 봉우리들을 위에서 내려다보면 활짝 핀 연꽃처럼 생겨서 붙여진 이름이란다. 산 전체가 희끄무레한 돌산인데 억겁의 시간이 흐르는 동안 어디선가 홀씨가 날아와 거대한 바위 군데군데 뿌리를 내리고 나무가 자라 듬성듬성 숲을 이뤘으리라. 억천만겁의 세월 동안 화산은 찾는 이에게 거역할 수 없는 무언의 메시지를 전했을 법하다.

평원에 우뚝 솟아 있는 산이라 주봉主峰에 설치된 케이블카를 이용하여 오르내린다. 흰 돌산은 케이블카를 놓기 전에는 인간의 범접을 허락하지 않을 만큼 험악해 보였다. 레일에 매달려 거의 수직으로 솟아오르는 아찔함에 절경을 즐길 여유도 없었다. 중국 고대 산수화에서 본 풍경 그대로이고 어느 바위틈에선가 허연 수염의 신선이 나올 법한 정경이 계속 펼쳐졌다.

화산은 자국민이 더 찾는 명산인가 보다. 화산은 그들의 정신적 지주인 도교의 본산이고 무협 소설에도 자주 등장할 만큼 중국적인 정서를 간직한 산이란다. 마치 새로운 전술을 펼칠 듯 장사진을 이룬 관람객들은 장장 네 시간이나 줄을 서서 탑승표를 사고 케이블카를 타기 위해 다시 줄을 선다. 그 정도의 기다림 정도는 아무렇지도 않은 듯 하나같이 무던해 보인다. 여행이나 관광을 온 사람의 들뜬 표정이 없이 덤덤하다. 오늘 특별한 행사가 있어 이 많은 인파가 함께 명산을 찾아 오르기로 작정이라도 했을까. 연신 시계를 보며 지루해하는 나는 산에 오르기 전에 이미 지쳐버렸고 묘하게도 화산 등정보다 거대한 행렬로 궁금증이 전이된다. 그들은 정말 높은 산의 절경을 보려는 의도보다 산이 있어 오른다는 누군가의 말처럼 그냥 오르는 것일까.

산이 허락했는지 산보다 엄청난 기운이 승낙했는지 드디어 한 봉우리에 올랐다. 화산 능선을 따라 걷는다. 서쪽 케이블카에서 내려 북쪽 봉우리의 케이블카를 타려면 이유 불문하고 산등성이를 걸어야 했다. 악산의 명성답게 험준한 길들이 이어진다. 산길은 거의 돌계단인데 폭이 내 발 길이보다 짧아 한눈팔 사이도 없이 아슬아슬하게 오르락내리락한다. 산꼭대기에 보는 자연 풍광을 즐기기는 잠깐이고 스치는 사람들의 표정이 자꾸 살펴진다. 긴긴 산행에서 만난 무덤덤한 표정에 나 또한 애써 태연한 척해 보이려 하나 고행의 길처럼 여겨지고 어서 내려가고픈 마음뿐이다. 후들거리는 두 다리로 대단한 자연 풍광에 대한 감흥은 이미 오그라들었다. 수직낙하 중인 케이블카 속에서나 행렬 중에서 그들과 다른 나의 속내를 보며 새삼 깨닫는다. 매사가 마음먹기 나름이다. 늘 내 마음이 울퉁불퉁하면서 세상이 나에게 투덜거린다고 믿었던 자신이 돌아봐진다.

그들은 장엄한 화산을 구경하러 온 관광객이 아니었을까. 그 행렬을 질러가거나 거스르는 자가 없다. 명산을 오르고 절경을 만나도 별 반응이 없이 성지 순례자처럼 앞선 일행을 따라간다. 앞사람이 밟아간 한 계단 한 계단을 따라 오르고 내리며 자기 생각과 마음을 닦는 수행자의 무리처럼 보였다. 오르막을 만나면 그 길을 따라 오르고 내리막을 만나면 그 길을 따라 내려갈 뿐이었다.

중국 고대의 도교는 자연의 질서에 순응하는 태도를 바람직한 삶이라고 보았다. 순리에 거스르거나 부자연스러운 행위나 가식이 없는 행동을 무위자연이라 한다더니 그들의 뿌리 깊은 심지가 짚어진다. 그러니까 무위는 오늘 본 거대한 움직임처럼 물 흐르듯이 자연스러운 흐름이리라.

여행의 맛은 일상에서 벗어나는 것이라 했다. 오늘 만난 그들에게 여행은 어떤 맛이었을까. 큰 땅덩어리에 사는 대국의 민족적 기상이라서 그런 여유를 부렸을까. 여행객 전체가 참을성을 겨루는 경연대회 참가자인 듯싶었다. 어디로 가는지도 모른다. 무엇 때문에 가야 하는지도 알지 못한다. 그들 속의 나는 아닌 척하며 때때론 맞는 체하면서 숨표도 없이 긴 행렬을 따라갈 뿐이었다.

화산을 보러 간 나는 화산보다 사람 구경하고 왔지만, 내 속의 작은 사람을 더 만난 듯하다.

숨

"숨 들이 마시고~"

"내 쉬고 후~"

요가를 시작하면 동작을 하기 전에 먼저 호흡을 관한다. 눈을 감고 조용히 숨의 흐름에 의식을 모으는 과정이다. 평소 호흡을 의식하는 일에는 관심이 없었던지라 생경하지만 일단 안내 멘트대로 따라간다. 금세 달아나는 의식을 억지로 붙잡아 코끝에 매고 숨길을 살핀다.

숨을 쭉 들이마신다. 의도적으로 배를 내밀며 불룩해지도록 더 들여 마시려 하나 계속 마셔 지지 않는다. 이어 배가 등에 붙은 형상을 상상하며 '푸 우' 소리를 내며 고르게 뱉어낸다. 코로 들이마실 때는 등뼈를 곧추세워야 하고 입으로 내뱉을 때는 배가 홀쭉해지도록 숨을 천천히 토해내야 한다. 생명을 얻어 숨쉬기를 시작한 이후 지금껏 계속해왔던 지극히 자연스러운 일인데 자연스럽지 않다.

숨쉬기에 집중하려면 무엇보다 눈을 감아야 한다. 시야에 보이는 것들을 차단하여 산란한 마음을 가라앉히는 일이 우선 필요하다. 머릿속 생각들을 다 비웠다고 가정하고 시작했음에도 밑도 끝도 없는 생각들이 계속 비집고 들어왔다 나갔다 제멋대로다. 오직 호흡에 집중하여 천천히 길고 고르게 흡입하고 배출하면서 들랑날랑하는 의식을 지켜보는 지극히 단순한 일조차 만만찮다.

숨길을 주시한다. 내쉬는 숨이 들이마시는 숨보다 길다. 들이마신 만큼 내뱉어야 할 것 같아 하나둘… 숫자를 의식하며 숨 길이를 맞추려 하나 잘 안된다. 아무래도 들숨이 짧다. 호흡에 문제가 있는 듯하고 주변 현상이나 의견을 흡입하는 감각이 무딘 탓 같기도 하여 자못 걱정된다. 입김이 세다는 말처럼 어쩌면 내쉬는 숨이 긴 것은 내 주장이 강하다는 뜻인지 모를 일이다. 숨의 길이에 의식을 모으고 다시 숫자를 세며 천천히 들이쉬고 내뱉는다. 처음보다는 조금 나아진 듯하나 자꾸 달아나는 의식을 숨쉬기에 집중시키며 들숨과 날숨을 주시한다.

Less is More. 나이 들수록 받아들이는 것보다 많이 내보내는 것에 경계하라 했다. 그러고 보니 여러 관계에서 내 말이 길어지고 잔소리가 늘어난 듯하다. 기다리지 못하는 탓일까. 믿지 못하기 때문일까. 어서 잘해보려는 욕심이 앞선 것일까. 나이가 들수록 표현을 줄이고 간결하게 말하는 습관을 들여야 한다고 늘 다짐하곤 했다. 그런데 가만히 생각해 보니 쓸데없는 노파심 탓인지 불어내는 입김이 많다. 몸은 이미 숨죽은 배추 꼴이면서 마음은 더 빳빳해지지나 않았는지….

숨쉬기를 제대로 하려면 호흡법을 제대로 배워야겠기에 인터넷을 뒤졌다. 호흡을 제대로 하는 것만으로도 몸의 기운을 맑게 해주는 것이므로 마음 정화나 심리적 안정을 위해 아주 옛날부터 사용한 방법이란다. 그런데 원래 어른은 '호' 불어내는 입김이 들이마시는 '흡'보다 많단다. 젖먹이는 쌔근거리는 들숨이 많고 나이가 들수록 날숨이 길어진단다.

그뿐일까. 내뱉는 숨이 긴 것은 홀가분하게 정리하라는 조물주의 뜻도 담겨 있지 싶다. 지금쯤엔 '많이 모으고 채우려는 들숨이 아니라 속엣것을 쏟아내어 단출하게 가다듬어라.'라는 뜻도 있을 수 있다. 어느 날부터 일출一出하고 일입一入하려 마음먹었지만 일입일출조차 잘되지 않는다. 부끄럽게도 아직 내 삶은 내쉬는 숨보다 들이쉬는 숨이 많은 셈이다.

숨은 곧 생명이다. 인명은 재천이라 목숨이 붙어 있으려면 숨줄을 쥐고 있어야 한다. 최인호는 '인생'이라는 그의 저서에서 '살아 있음은 신이 우리에게 내린 명령'이라고 해석했다. 그런 고로 허락된 시간 동안에는 생명生命을 반듯하게 유지해야 한다고 강조하였다.

숨 가쁘게 살지 않은 사람이 어디 있으랴. 그러고 보면 누구나 한동안 세상의 이치를 들여 마시기에 집중했을 것이고 세상 변화를 따라가느라 숨 고를 사이도 없이 살았을 것이다. 돌아보면 길게 숨쉬기를 위한 욕심의 연속이었을지도 모른다. 한동안은 들숨으로 채우기에 바빴을 것이고 그 어느 때 이후는 긴 날숨을 위해 분주했으리라. 부지불식중에 익힌 습관대로 살아졌을 것이나 이제 한숨 돌릴 만하고 보니, 그때 채웠던 숨들을 가감 없이 그대로 뱉어내며 지금을 보는 기준으로 삼고 있지는 않을까 걱정스럽다.

목숨은 숨이 목에 붙은 지경이란다. 숨을 깊이 들이쉬고 내쉴 여력이 없이 그저 목에서 들랑날랑하는 때이다. 그때 돌아본다면 지금껏 살아온 생명의 순간이 감사할 뿐이리라. 모든 투정이 사라지고 숨이 붙어 있는 것에 집중하며 마지막 숨 고르기를 할 것이다. 조용히 눈을 감는다.

관을 관하다

대연동에는 유엔기념공원이 있다. 6·25전쟁이 발발했을 때 우리를 돕기 위해 각국에서 모였던 젊은 병사들의 넋을 모신 곳이다. 유엔군 전몰장병을 한자리에서 추도할 수 있는, 전 세계적으로 유일한 곳이라 부산에 오는 외국인 관광객들이 자주 들리는 코스란다.

유엔기념공원 주변에 유엔평화공원과 유엔조각공원이 인접해 있다. 이들 공원은 유엔기념공원과 어울리는 테마로 조성된 듯하다. 이곳을 찾는 이들에게 유엔기념공원의 역사적 의의를 강조하고 전쟁의 상처와 흔적을 보여주려는 공간일 것이다. 보여주고자 하는 쪽의 의도는 보고자 하는 쪽과 공감대가 있을 때 제대로 전달되지 싶다. 시간을 공유하지 못하는 후손에게는 그저 놀이터이고 공원일지도….

유엔평화공원은 세계 각국에서 유엔군의 이름으로 6·25전쟁에 참전한 장병에 대한 감사와 기억의 공간이다. 자유와 평화를 지켜낸 젊은이들의 높은 정신을 기리고 이곳을 찾는 이들에게도 그들의 뜻을 전수하려 조성되었을 것이다. 평화는 평화로울 때 준비해야 한다. 갑작스레 닥친 전쟁에 아무런 준비 없이 참전한 우리 학도병들은 방아쇠 당기는 법조차 제대로 몰랐다니 당시 상황이 가히 짐작된다. 그 많은 젊은이들의 희생 덕분에 지금의 우리에게 평화가 주어졌다고 생각하니 저절로 머리가 숙어지고 마음이 숙연해진다.

유엔조각공원에는 국내외 조각가들의 작품들이 군데군데 설치되어 있다. 조각 작품은 화단에 설치해야 하고 시간이 흘러도 색상이나 형상이 변함없어야 하니 주로 석물로 조성되었다. 돌은 추모

정신을 나타내기에 가장 어울리는 소재이다. 구리나 철로 만든 조각상도 간간이 있긴 있다. 그것들은 구조물에 페인팅이나 코팅을 해서 재질이 변하지 않도록 처리하였다. 참여한 작가들은 남의 나라 전쟁에 뛰어들어 산화散華되고 만 용사들에 대한 애달픈 심정과 세계평화를 갈구하는 마음으로 작품을 구상했을 것이다.

나는 조각상의 작품명과 형상을 견주어 보며 길을 걷는다. 공원길에 전시된 작품들은 '화해', '침묵', '통일을 위한 분투', '이념의 화합', '아 그날 우리는'…. 작품마다 국내외의 희생 장병에 대한 안타까움과 고마움을 교차하게 되고 행인에게 그들의 고결한 뜻을 전한다. 참전병의 삶이나 기대를 염두에 둔 작가의 심정을 헤아리다가 언뜻 이해되지 않는 작품 하나를 만났다.

작품명이 '호흡'이다. 두꺼운 철판으로 긴 사각 상자 모양을 세로로 세웠다. 모서리는 모두 용접이 되어 있고 네 표면에는 찰흙에 손가락으로 찍찍 찍은 듯한 흠집이 군데군데 있을 뿐, 별다른 장식은 없다. 애초의 형체는 유지하고 있으나 오랜 시간이 흐르는 동안 많이 부식되었다. 숨쉴 틈이나 구멍조차 없는 무쇠 통에 '호흡'이라는 제목은 더 생소하다.

철이 공기를 만나 부식되는 것을 산화酸化라고 배웠다. 작가는 전쟁에서 청춘이 산화된 안타까움을 강철에 빗대어 표현하고자 하였을까. 산화라는 차가운 말을 선택하지 않고 호흡이라는 따뜻한 제목을 붙인 것도 궁금하다. 작품을 한 바퀴 돌며 호흡의 의미를 찾으려 요리조리 살펴보지만, 그 의도가 와 닿지 않을뿐더러 작품이라고 보기조차 어색해진다. 옆에 비치된 제목과 작가 이름이 새겨진 명패가 아니었으면 이게 추모작품일까, 도저히 생각하기 어려울 정도이다.

길을 걸으며 다시 작가의 구성 의도를 짚는다. 작가는 강한 철판이 비바람에 부식되듯이 아까운 청춘을 전쟁에 바치고 멈춰버린 그들의 호흡을 추도하고 싶었는지, 안타깝게 사라진 그들의 부재를 더 알리고 싶었는지, 일부러 녹이 슬도록 아무런 표면 처리 없이 설치하였다. 오래 방치하여 녹이 슬 것까지 내다보면서 그 녹슨 형상을 우리에게 보여주고 싶었을지도 모르겠다. 녹의 두께가 두꺼워질수록 희생자들의 존재감이나 고마움이 잊힐까 걱정되어 경각심을 주고 싶은 마음은 아니었을까.

작가는 왜 그 모양조차 곽처럼 만들었을까. 한 세상을 살다 마지막 가는 자를 모시는 집으로 후손들이 관棺을 준비하듯이 전장에서 떠난 그들을 위해 작가는 관을 준비하고 싶었을까. 전쟁이 끝나도 시체조차 찾지 못한 무명용사의 넋을 달래주고 작품 속으로라도 안치하고 싶은 마음이었을 수도 있겠다. 유엔군이라는 이름으로 한국전쟁에 참전한 용사를 추앙하기 위한 많은 조각상이 있겠지만 산산조각이 난 그들의 청춘은 어떤 보상으로도 부족하다. 어쩌면 그들의 고귀한 희생 덕분에 우리는 온전한 일상을 누리고 있음을 강조하고 싶었을 수도 있겠다. 그들이 멈춘 호흡으로 우리가 호흡하고 있으니 말이다. 자유와 평화를 위한 그들의 용감한 숨결이 없었더라면 우리는 어떻게 살고 있을까.

유엔 연합군의 이름으로 한국전쟁에 참가한 그들이다. 세계 각국에서 모여든 용사들은 어떤 관觀을 가졌을까. 어떤 마음으로 달려왔을까. 자국의 난리도 아니고 이웃 나라의 전쟁도 아닌데 이국만리를 달려온 젊은이들의 숭고한 마음을 감히 헤아리기조차 송구하다.

유엔기념공원 정문 앞을 지나는데 연세가 지긋해 보이는 외국인들이 웅성거리고 서 있다. 가슴에 훈장을 단 제복을 입은 이도 있다. 그들은 하나같이 근엄하고도 비장한 표정이다. 백발이 성성한 그들이 한국을 찾아와 이곳에 들른 것은, 자신이나 친지 중에 한국 전쟁에 참여했거나 가까운 지인을 잃은 연고일 수 있을 것이다. 멀리서 그리워만 하다가 이제 만나고 다시 서서히 멀어져 간다.

지난 일로 접어 넘기기엔 너무 가슴 아픈 일이고 들춰내어 다시 음미하기엔 세상이 너무 많이 바뀌었다. 한 세상 잘사는 일이 자신의 의지만으로 되는 일이 아니고 시절 인연도 잘 만나야 할 듯하다.

어여한 것에 대하여

세상에 변하지 않는 것이 정말 없을까. 오직 변하지 않는 것이 있다면 그것은 변하지 않는 것이 없다는 사실 뿐이라고들 말한다. 그런 말을 하면서도 우리는 변하는 것들에 대한 두려움 반 미련 반으로 살지 싶다. 세파에 뿌리까지 흔들려도 돌아서면 다시 매달리게 되는 것은 세상사가 그대로이기를 바라는 집착이 아닐까.

누구나 지울 수 없는 기억 하나쯤은 가지고 있다. 얄궂게도 즐겁고 기분 좋은 기억은 쉽게 물러지나 서운하고 아쉬운 일화는 뇌리 깊숙이 저장되어 가끔 출몰하거나 심사를 휘젓곤 한다. 세상이 변한다는 것을 온몸으로 받아들여 머릿속도 유연해지면 좋으련만 나이가 들수록 더 단단해지고 뭉쳐지는 것은 어떻게 풀어야 할까.

하동에 가면 여여식당이 있다. 섬진강 재첩국 한 가지 메뉴로 길손을 부르는 식당이다. 식당 이름치고는 좀 색다른데, 재첩국 국물 맛이 변함없다는 주인의 강한 자부심을 담은 옥호란다. 이름 때문인지 진국 맛을 즐기는 것이 변하지 않기를 기대하는 것인지 알 수 없지만, 하동에 들르면 재첩국 한 사발을 찾아가게 된다. 섬진강에 재첩이 전처럼 채취되지 않는다고 보도된 지 근 10년이 되었지만, 여여식당은 여여하게 재첩국을 끓이고 있다. 믿거나 말거나 손님이 끊이지 않는 것은 진한 국 맛을 유지하는 비법이 있을 듯하다.

강산도 변한다는 세월이 두 번이나 흘렀건만 변하지 않는 갈망이 있었다. 배움에 대한 집착이다. 당장 필요한 사안이 생긴 것도 아니고 굳이 학벌을 더 채워야 할 나이도 아니었다. 공부 애착은 삭여지지 않고 잊을만하면 삐져나와 빚쟁이처럼 채근해 왔다. 적당한 명분이 없어진 때에는 이런저런 변명을 둘러대며 좀 더 기다려보자고 자신을 다독였다.

배움에 늦을 때는 없다. 할까 말까 망설일 때는 하고 후회하는 것이 낫단다. 새삼 캠퍼스를 밟는다는 것이 많이 생소하고 어설프지만 사라지지 않는 욕구를 따르기로 용기를 냈다. 남들이 보기엔 언감생심이겠으나 더 늦기 전에 일단 시도라도 해볼 요량으로 선을 넘고 말았다.

늦깎이라도 한참이나 낯설었던지, 첫 수업 때 각자를 소개하는 자리에서 젊은 강사님은 의아한 눈빛으로 "왜 왔어요?"라며 돌직구를 날렸다. 유리문을 미처 인식하지 못한 채 들어가다 사정없이 부딪쳐 이마빡에 혹이 난 듯한 심정이었다. 모처럼 밀린 숙제를 하겠다는 다부진 내 결정이 타인의 눈에는 이해가 되지 않는 행동으로 보였을 것이니 민망할 수밖에 없었다. 해묵은 욕심을 들킨 나는 엉거주춤한 태도로 "그러게요, 왜 왔을까요?"라며 일단 응수했다. 첫 만남의 자리에서 고주알미주알 밝히기도 뭣한 일이고 그렇다고 우물쭈물하며 지나치기에는 정곡을 찔린 질문이었다.

그날 이후 "왜 왔어요?"라는 나의 새로운 화두가 생겼다. 시간이 흘러도 수그러들지 않는 욕구에 항복한 자신을 어떻게든 끌고 가야 했다. 그 "왜 왔어요?"는 지금부터를 꾸려나갈 힘이 되어줄 줄 알았다.

얼마나 기다렸던 일인가. 다시 배움의 자리에 앉아 공부할 수 있게 된 사실은 말라 죽은 줄 알았던 고사목에서 꽃을 보는 격이었다. 오랫동안 잊지 않고 조르던 일이 현실이 된 기분에 처음 며칠은 마치 과정을 마친 듯이 스스로 대견스러워하며 우쭐거려졌다.

그러나 며칠뿐이었다. 현실의 상황이 많이 변했음에도 자신만 아니라고 눙치고 있었나 보다. 변하지 않는 열망을 받아내야 할 몸이 많이 변해 있었다. 눈꺼풀이 내려앉는 저녁 시간 강의실은 머리로 이해하기보다는 몸으로 때워야 했다. 그럴 때마다 자신의 만용을 다그쳤다. 그뿐이 아니다. 젊은 날의 기억력이 변하지 않았을 것이라 착각한 자신을 원망하기도 하고, 그렇게 하고 싶었던 일이었다면 이런 자세로 해서는 안 된다고 책망하며, 여여했던 갈망과 여여하지 못한 체력과 기력이 뒤범벅되고 말았다. 미련하게도 부딪쳐 보고야 깨달았지만 이미 엎질러진 물을 주워 담을 수도 없었다.

예전에 크게 히트했던 유행가요 중에 '타타타'라는 제목의 노래가 있다. 인생을 달관한 듯, 삶을 관조하는듯하면서도 호탕하게 표현하여 많은 대중으로부터 호응을 얻었지 싶다. '타타타tathata'는 산스크리트어로서 의역하면 '여여如如'라는 뜻이란다. 여여하다는 말은 종교적인 가르침이다. 어떤 물건의 본래 그대로의 모습을 의미하고 법이나 진리와 같이 변함없이 한결같다는 말이다. 또 변화무쌍한 세상에 사는 인간이 가정한 신의 세상은 변화가 없고, 신의 베풂만이 항상 그대로 일 거라 믿는 절대적 경지를 지칭하기도 한다.

인간 세상에도 여여하다는 것이 없지 않은 듯하다. 누구나 끈질긴 욕망 한두 가지는 가지고 있으니 말이다. 물욕이든 심욕이든 간에 자신만이 이해할 수 있고, 시간이 흘러도 엷어지지도 사라지지도 않고 불쑥불쑥 질문을 던지며 심란하게 만드는 에너지이다. 오늘도 언제 시작되었는지 알 수 없지만, 마음 한구석에 숨어 있다가 불쑥 물음표를 던지고 끈질기게 느낌표를 요구하는 바람 한 줄기에 휩싸인 날이다. 그 변하지 않는 한 생각에 사로잡혀 변하는 것들을 알아차리지 못한 채 휘둘리면 또 생각지도 못한 낭패를 당할지도 모른다.

구름 낀 날엔 그저 구름만 탓할 뿐, 구름 위의 빈 하늘을 꿰뚫어 볼 혜안이 없다. 구름이 흘러가면 그때야 하늘이 보이고 그제야 하늘의 존재를 인식하게 된다. 구름 위의 맑은 하늘을 미리 보고 여여하게 기다릴 수 있다면 좋으련만.

소슬바람이 분다.

비채

오랜만에 백양산에 오른다. 산길에는 바닥이 보이지 않을 만큼 낙엽이 수북이 쌓여있다. 이맘때면 어김없이 반복되는 나무들의 방책이다. 가을이 익어가면 나무는 이파리의 색과 수분을 슬슬 빼면서 예고탄을 날리다가 결국 떨구어버린다. 냉정하지만 순환의 질서에 따르는 산벚나무잎이나 굴참나무잎이나 자그마한 상수리나무잎이나 땅바닥에 떨어지면 그게 그것이다. 우람한 나무이든 잡목이든 상관없이 떨어진 잎들은 땅과 비비는 시간을 거쳐 모두가 거름으로 돌아가게 마련이다.

하기 쉬운 말로 '마음 비우라' 한다. 마음이 곤두서서 자신을 주장하는 타인에게는 쉽게 내뱉는 말이다. 당사자의 처지를 살피기보다 지나고 나면 어쭙잖은 일일 텐데 뭘 그러느냐는 강 건너 불구경하는 투의 말이다. 위로한답시고 한 말이 오히려 섭섭하게 들릴 수도 있고 앙금을 쌓을 수도 있다. 누구나 사람으로 태어나면서 탐진치를 품었을 것이니, 마음을 비우라는 것은 도인이 되라는 말과 다를까.

채운 것을 비우는 것이 곧 자연이다. 자연은 계절의 변화로 엄격하게 생태를 조정하기에 생명체는 스스로 그렇게 되는 섭리에 순응할 수밖에 없다. 날씨가 따뜻해지면 서둘러 싹을 키우고, 바람이 불면 서로 따라 흔들리며, 비가 오면 생명줄에 감사할 따름이다. 욕심내지 않고 주어지는 대로 적응하는 미물이 어쩌면 사람보다 더 편안한 생일 수도 있겠다.

채우는 일은 쉬울까. 때를 놓치면 습득하기 어려운 것을 제때 채워진다면 그 또한 신의 은총을 받은 일이다. 언어나 습성 같은 것들은 한 번 배우면 잊지 않는 대신 바꾸기도 쉽지 않다. 배우고 익혀서 몸에 배는 것들이라면 자라는 시기에 따라 갖춰야 할 품성이 있을 것이다. 조상들은 머리에 지식을 배우기 전에 생활에 필요한 기본자세를 먼저 가르쳤기에 우리는 어릴 때 어른들에게 배운 습성대로 살아가게 된다. 지금처럼 어떻게 살아야 할지 고민하지 않고 자연의 법칙에 순응하며 사람의 도리에 어긋나지 않게 살아갈 수 있었다.

이제야 어른답다는 것이 무엇일까 자문해본다. 내가 가진 것들에서 비워야 할 것과 갖지 못한 것들 중 채워야 할 것을 살핀다. 내 경험만 중시하고 사소한 일에 큰소리치며 상대방의 어려움을 간과하지는 않았는지. 개구리 올챙이 적을 잊지 않았을지 돌아보게 된다. 철없고 근본이 부족했을 나의 지난 시간이었으니, 지금쯤에는 타인의 심중을 헤아려야 하는 시기라고 생각하건만 막상 그 순간에 비켜서는 것이 쉽지 않다. 내가 하고 싶은 것을 남에게 권하고 내가 하기 싫은 것은 남에게 요구하면 안 된다는 옛 어른의 말씀을 다시 귀에 담는다.

강원도 산골에 '비채 식당'이라는 곳이 있다. 비움과 채움을 합해서 비채란다. 식당은 밥 먹는 곳이니 채움이 앞서야지 무엇을 먼저 비우란 말일까. 말인즉, 요즘은 넘쳐나는 먹거리로 연중 다이어트를 운운하면서 막상 음식 앞에 서면, 싹 잊고 그릇그릇에 수북이 담게 되는 심리를 지적한 모양이다. 그러니 채우기에 급급한 욕망을 스스로 비운 뒤 그릇을 채우면, 먹은 후 후회하지 않는다는 뜻인가 보다. 인간의 가장 근본적인 욕망인 식욕에 대해 스스로 돌아보게 하는 발상이다.

물질만능시대를 사는 우리는 채우는 데 급급하다. 너나없이 물욕을 채우기에 에너지와 시간을 쏟아붓는다. 경쟁에서 지면 원하는 물질을 얻을 수 없으니 고군분투하느라 옆을 살피거나 돌아볼 사이가 없다. 그렇게 아등바등 모은 재물인들 때가 되면 떠나가게 마련인데 일개미처럼 사는 데 익숙할 뿐이다. 그러니 경제 수준은 앞서가는데 행복지수는 늘 꼴찌를 맴돈다고 한 지도 오래되었다.

겨울은 나무에게는 비우는 시간이고 잎에게는 처음으로 돌아가는 계절이다. 사실 죽음이 있어야 그 빈자리에 새 생명이 돋을 수 있으니, 한 시절을 풍염하고 사라지는 순환이 자연의 질서이다. 그러기에 큰 흐름을 이어가는 자연의 순리에 그 어느 생명체라도 저항할 수 없다. 자연이 그러할진대 아는 만큼 실천이 쉽지 않을뿐더러, 갈수록 더 비우는 데 인색해지니 덕지덕지 겹겹이다.

비워야 채운다. 자연의 이치에 따라야 하는 존재임을 외면하고 마치 불로장생의 존재인 듯 어깨에 힘이 들어간다. 급변하는 시대에 나는 지금 무엇을 비우고 채워야 할까. '비채'라는 화두를 안고 내려오는 산길이 만만치 않다.

딸 겸 아들 겸

나는 남자 형제가 없다. 어른들은 아들이 없는 우리 집 걱정을 나누었고 우리는 못 들은 척하며 번번이 들어 넘겨야 했다. 아들 못 낳는 것은 칠거지악이라는 인식이 여전하던 시절이었으니 집안 모임 때면 당연히 짚고 넘어가는 얘깃거리가 되었다. 종손인 아버지의 대를 이을 아들을 낳지 못한 엄마는 스스로 죄인처럼 생각했다. 형제 네다섯이 보통인 내 또래에 비하면 달랑 딸 둘만 있는 집은 운명이랄 수밖에. 엄마는 그 한을 맏이인 나에게 입버릇처럼 상기시키곤 했다. 철없던 시절부터 시작된 엄마의 하소연은 내 가슴 한편에 차곡차곡 쌓였다.

시대적 요구를 채우지 못한 엄마의 일그러진 여정이 급기야 내 삶을 통제하기에 이르렀다. 내가 잘해야 그나마 우리 엄마가 시댁 식구들에게 구박을 덜 받을 것이라는 생각이 성장과 함께 커갔다. 타고난 재주가 대수롭잖아도 뒤처지지 않으려 언제나 동동거렸다. 학창 시절 성적이 나쁘지 않아야 하는 것은 당연했고 이후에도 남들보다 한 걸음 앞서 나가야만 했다. 주눅 든 엄마의 자존감을 지키는 버팀목이 되려면 어떤 무게감이라도 버텨내었다. '사람은 타인의 욕망을 욕망한다.'라는 말처럼 유년 시절 주입된 딸 겸 아들 겸의 역할은 지금까지 내 삶의 중심이 되었고 엄마가 그럴싸하게 생각하는 축에 끼여야 한다는 것이 본능처럼 굳어졌다.

이모할머니가 오시는 날에는 집안에 비상이 걸렸다. 어질고 내성적인 성격으로 속앓이만 하던 우리 할머니가 안타까운 심정을 먼저 토로했을 것이다. 성격이 괄괄한 이모할머니는 달라질 기척이 없는 집안 분위기나 변화 없는 아버지의 행동에 번번이 말을 꺼내셨고 나무라듯이 종용했다. 아버지는 언제나 잠자코 있을 뿐이었다. 대를 이어야 하니 소실을 들이든가 뭔가 대책을 세우지 않는 조카를 답답해하셨던 게다. 오실 때마다 같은 말씀을 반복했으니 아버지 마음은 얼마나 심란했을까. 다음은 엄마 차례였다. "집안 문 닫지 않으려면 어쩔 요량이냐." 아들을 낳든지, 낳아오도록 눈감아주든지 언성을 높여가며 질책할 때마다 동생과 나는 울기 시작했다. 우리가 우는 모습조차 보기 싫었던 할머니는 우리에게도 가차 없었다. "조놈의 가시나들, 하나만 달고 나오지." 언제나 같은 레퍼토리였고 그 상황이 죽도록 싫었다. 엄마는 집안 어른들이 모인 날에는 더 부엌에서 맴돌며 괜히 나를 독촉하였다. 안절부절못하던 굳은 표정이 지금도 선하다.

아마도 열대여섯 살 남짓할 때이지 싶다. 어느 날 아버지는 보따리에 싼 묵직한 상자를 들고 오셨다. 그 상자 안에는 집안 족보가 예닐곱 권 들어있었다. 이리저리 뒤지다가 아버지와 작은아버지 이름을 찾았다. 그런데 아버지의 이름 밑은 공란이고 작은아버지의 이름 밑에는 사촌 남동생들의 이름이 줄줄이 적혀있었다. 의아했던 나는 힘 없어 보이는 아버지께 물었다. "왜 우리 이름은 없습니까?"

아버지는 한참 만에 입을 여시고 말끝을 희미하게 얼버무리셨다.

"너거는 출가외인이라…."

내 학창 시절은 엄마의 '딸 겸 아들 겸'과 아버지의 '출가외인'을 위한 주문을 채우기에 바빴다. 나는 아들 없는 엄마의 장녀에 대한 기대감, 그리고 남의 집에 보낼 여식에 티가 없어야 한다는 아버지의 엄격함 사이에 끼어있었다. 옳은 것과 그른 것이 명확했고, 좋은 것과 좋지 못한 처사가 분명했으니 감히 그 테두리를 벗어날 생각조차 못 했다. 넉넉지 못한 살림에 내가 대학에 진학하려고 엄두를 낸 것도 언감생심이었다. 당연히 취업전선에 뛰어들어 집안에 보탬이 되어야 할 판인데, 무슨 부귀영화를 보려고 딸자식에게 대학이냐고 집안 어른들은 다들 한마디씩 보탰다. 시험이나 한번 쳐보라는 아버지의 허락에 운명인지 팔자인지 대학 문을 밟을 수 있었다.

불과 반세기 전 일이다. 세상이 바뀌어도 이렇게 급작스럽게 바뀔까. 딸이나 아들이나 차별이 없어도 좋으련만 오히려 딸을 더 선호하는 세상이 되었다. 형제 없이 자란 우리의 머릿속에는 아들은 대를 이을 대단한 존재라고 뿌리 깊이 박혀 있는데 시류가 뒤집혔다. 지하에 계신 그 할머니는 아직도 우리 자매를 구박하고 싶으실까.

삶의 행로는 자신이 모를 뿐인지 이미 주어져 있다고 믿고 싶다. 갈림길에서 내가 선택한 길도 갈 수밖에 없도록 미리 정해져 있었던 건 아닐까. 만약에 내가 남아로 태어났다면 축복받으며 호의호식하는 삶을 살 수 있었을까. 지나고 보니, 내 존재 자체를 못마땅해하던 그 눈초리가 나를 스스로 서게 만들고 버텨내게 하는 에너지가 되었지 싶다. 속속들이 말할 수 없는 우여곡절과 파란만장하던 날들이 오히려 나를 키우는 기회가 되었다. 누구에게나 전화위복도 있고, 전복위화도 있는 법이니까.

구순을 바라보는 엄마의 아들 타령은 시대가 바뀌어도 지워지지 않았다. 지금도 섭섭한 일이 있으면 아들 못 낳은 신세를 한탄하며 안타까워한다. 엄마의 한평생을 지배했고 골수에 사무친 한이 먼 길 가시는 날에라도 잊히길 기도드려야겠다.

개조심

동피랑 마을을 찾았다. 이곳은 벽화마을로 알려진 통영의 명물이란다. 철거 예정지였던 마을을 좁은 골목마다 아기자기하게 벽화로 꾸미고 다듬으면서 사람들을 불러들이는 명소가 되었단다. '그때 그 시절'이 온전하게 보존되어 방문객에겐 추억의 마을로 다시 태어난 동피랑 마을은 동쪽의 벼랑마을이라는 의미라는 일행의 설명을 들으며 구불구불한 옛길을 걷는다.

골목길은 유감없이 나의 유년 시절을 소환한다. 두 사람이 몸을 돌려 비켜야 지나갈 만큼의 좁은 길과 거미줄처럼 이어진 전깃줄은 내가 살던 동네와 닮았다. 물질적으로나 사회적 궁핍하던 그날이 어른거려 '그땐 그랬지' 하며 어린 나를 보듬게 한다. 부족했지만 따뜻하고 당연하게 받아들였던 때다.

어슴해진 시간이다. 한 바퀴 돌아 내려오는데 어느 집 대문에 붙은 '개조심' 팻말이 발길을 잡는다. 출입객에게 '우리 집에 개를 키우고 있으니 출입 시 조심하시오.' 하는 권고성 메시지이다. 헙수룩한 문에 붙은 패찰은 옛날 우리 집 대문의 '개조심'을 불러냈다. 마당이 있는 집이면 집집이 개를 키웠는데 개들의 기세는 낯선 사람을 위축시킬 만큼 당당했다. 일제히 짖어대는 개들의 웅한 함성은 어수선했던 동네 지킴이의 역할에 충실하였고, 개들의 합창이 골목에 넘쳐나기도 했다. 그 시절 개들은 진정 '오수의 개'처럼 충직하고 주인을 위한 밥값을 충분히 해냈다.

우리 집에도 늘 개를 키웠다. 개의 성정도 제각각이라 낯선 사람에게 유별나게 위협적인 녀석도 있었고 촐랑거리는 녀석도 키웠는데 다른 동물보다 교감이 잘 되고 가족을 챙기는 습성이 사람 못지 않았다. 개와 함께 지낸 시간이 많다 보니 유독 교감이 더 되는 개가 있었는데, 나에게는 '독구'가 그랬다. 내가 집에 올 시각이 되면 '때'를 알아차리고, 마당을 서성이며 기다렸고 반기는 모습에 정이 들지 않을 수 없었다.

해마다 늦가을쯤 강아지를 사다 키워서 삼복더위 무렵에는 제물로 팔았다. 여름이 다가오면서 그렇게 사납고 영특한 개들도 개장수의 '개 파소' 하는 소리가 들리는 날에는 제집에 들어가 꼼짝도 하지 않았다. 우리 개만큼 나도 걱정스러웠고 날마다 조마조마했다. 골목 어귀에 들어서면 '독구' 소리부터 확인하며 '오늘도 무사히'를 확인하곤 했지 싶다.

그런데도 그날이 오고야 말았다. 우리 '독구'도 복날의 재물로 팔려 가고 텅 빈 개집이 썰렁했다. 엄마에게 개는 키워 팔아야 하는 대상이었고, 정이든 나는 개와의 이별을 이해할 수 없어 식음을 전폐하다시피 원망을 했다. 이미 소용없는 일이었고 그 후부터는 개에게 정을 주지 않으려 일부러 외면하게 되었다.

조물주는 개에게 소리에 대한 특별한 민감성을 부여했을까. 골목 어귀에 들어선 주인의 발소리를 감지하고 목줄이 매였건만 그저 좋아서 낑낑거리고 꼬리를 흔들며 두 발로 서서 주인 맞이를 하곤 했다. 하루를 끝내느라 축 처진 걸음걸이를 반갑게 맞이하는 세리머니는 적지 않은 위로가 되었고 점차 교감도 깊어졌을 것이다.

요즘 세태는 집안에 아기처럼 개를 키운다. 반려견으로 식구가 되어 자식처럼 아끼고 섬기는 세상이 되었다. 특히 주고받는 말 수가 줄어드는 연배일수록 집안 분위기를 밝게 살리는데 강아지를 키우는 일이 괜찮다고 한다. 개 이야기로 말을 건네며 쓸쓸하거나 허전해지지 않으려는 세상이 되었으나, 아직도 나는 개를 키울 자신이 없다. 아이들이 한창 조를 때도 개는 키우지 않을 거라고 단언하며 어릴 적 상처를 더듬었다. 그때는 감당할 수 없는 큰 상처였고, 수십 년의 시간이 흐르는 동안 아물긴 했으나, 그 흉터는 여전하다.

사람의 마음에 새겨진 기억은 좀처럼 지워지지 않는다. 특히 두뇌 회전이 유연한 유년 시절에 겪었던 일들은 더 깊이 새겨지는 모양이다. 아쉽게도, 좋았던 기억은 판화 그림처럼 찍혀 증발하기도 하고 점점 옅어지는데, 상처받은 일은 전각처럼 기억세포 깊숙이 패여 저장되어 있다가 연관성이 있을 때마다 상기된다. 거꾸로 되면 좋으련만.

반세기가 지난 지금은 화해할 수 있으려나. 새 정을 들이면 해묵은 흉터에 새살이 돋을지도 모른다고 자신을 달래는 중이다. 산책 나온 이웃의 개들에게 자꾸 눈이 가고 동태가 살펴지니 '십 년쯤 후의 이별이 겁나 지금의 기쁨을 포기할 수 있을까.' 하며 회유하곤 한다. 사람이나 짐승이나 떨어지는 일은 달갑지 않지만, 훗날의 걱정 때문에 지금의 기쁨을 단념하기에는….

드는 정은 몰라도 나는 정은 안다고 했으니, 아직은 개조심 중이다.

맛배기

맛배기는 감질나게 한다. 맛을 안 보느니만 못할 수 있다. 맛만 살짝 보여주는 것은 다분히 의도가 깔려 입만 버렸다고 할 만큼 욕구를 충동질한다. 불과 반세기 남짓한 먹거리가 부족하던 시절에는 귀한 음식이 아니더라도 맛을 보는 것에 누구나 관심이 많았다. 열 번 보는 것보다 한 번 맛보이는 것은 상술로 적격이다.

어릴 적 동네 아이들에겐 엿장수는 기다림의 대상이었다. 마침

놀거리가 없어 심심한 차에 가위질 소리는 집합 신호였다. 귀한 단맛을 볼 수 있는 절호의 기회였으니 꿀단지에 개미 꼬이듯 자동으로 모여들었다. 엿판 주변을 얼쩡거리며 달달한 기억을 찾아 군침을 꼴깍거리면 그때야 엿 동가리를 나눠주었다. 맛만 보여 감질나게 하는 작전에 넘어갔을 타이밍을 놓치지 않고 집에 있는 고물을 찾아오라고 넌지시 주문했다. 단맛에 꼬인 아이들은 집을 뒤져 엿을 바꿔먹을 만한 것들을 찾아내 득달같이 달려갔다. 아이들 눈에 가재도구는 오직 엿을 바꿔 먹을 수 있는 수단일 뿐이니 의기양양한 하루를 만들기에 충분한 작전이었다.

지금 인터넷은 누구에게나 절친 중의 절친이다. 세상 소식이 궁금해서라기보다 그냥 장난감 가지고 놀 듯이 이리저리 뒤지는 일이 손에 익었다. 인터넷세상 개발에 앞장선 우리는 더욱 친근해져 남녀노소 없이 인터넷의 새 세상에 넋을 놓고 시간을 무심하게 흘려보낸다. 처음에는 뭔가 궁금해서 검색하러 들어갔다가 호기심을 자극하는 말들이 즐비하니 삼천포로 빠져들어 가기가 십상이고 웬만해서 그냥 나오기가 쉽지 않다. 이것저것 살피다가 처음 목적은 잊은 채, 주객이 전도되어 시간이 흘러가는 줄도 모르고 빠져든다. 이런

심리를 미리 내다보고 의도적으로 시작했는지, 아니면 현재의 추세를 재바르게 눈치챘는지는 알 수 없으나, 선각자들은 공짜로 소통할 수 있는 플랫폼을 만들어 엿 동가리처럼 '웬 떡이냐' 싶도록 유도했다. 개구리를 뜨거운 물 속에 넣으면 깜짝 놀라 뛰쳐나오겠지만, 차츰차츰 온도를 올려 뜨거운 물이 되게 하면 위험을 감지하지 못한다는 이야기처럼 인터넷 맛배기에 길들었다.

먹거리의 맛배기는 원래 뜻은 나쁘지 않을 것이다. 맛있는 음식의 진가를 미리 알려주려는 상인의 베푸는 마음이 담겨 있다. 맛도 모르고 덜컹 샀다가 먹지도 버리지도 못하는 상황을 예방할 수 있기에 사실 호객하는 정당한 방법일 수 있다. 그러나 지금 세상을 지배하는 인터넷은 중독성을 알고도 꼼짝없이 당할 수밖에 없다. 손에서 모든 것을 해결할 수 있는 편리성에 충분히 익숙해진 상황에서 점점 거대해지는 플랫폼을 이용하지 않으면 다양해지는 세상에서 외면당하는 듯하고 불편을 느낀다.

인터넷이 없는 산속에서 며칠 지냈다. 관계자는 애당초 시설을 설계할 때 바쁜 일상에서 벗어나 호젓하게 시간을 보내는 공간임을 강조했다. 자연과 더불어 생활하는데 충실해지라는 의지를 깔았으니 한참 떨어진 공간에 겨우 와이파이가 가능하도록 했다. 거처하는 숙소에서 휴대폰은 맹숭맹숭한 관계가 되었다. 휴대폰은 자기가 쉬러 온 곳인 양, 연일 까만 화면만 보이는데 자꾸 눈치를 살피는 나는 인터넷 금단현상이 나타났다. 산속에서 호사를 꿈꾸던 내가 이렇게 휴대폰에 발목이 잡혀 있는 줄 전혀 몰랐다. 지금껏 틈틈이 짬만 나면 자발적으로 휴대폰 속의 세상에 빠져들어 꼼지락거렸던 내 모습을 나는 못 봤다. 언제 이렇게 밀착되었을까.

단맛에 꼬인 개미처럼 자꾸 끌려간다. 한 번 꼬이면 떼를 지어 몰려가는 개미 행렬이 생각난다. 먹이를 구하라는 명령에 충실한 개미나 인터넷의 유혹에 빠진 나나 다를 게 없다. 인터넷이 없었던 시대에도 그런대로 만족하며 살았다. 굳이 온라인이 아니더라도 불편한 줄 몰랐을뿐더러 덜 바쁘게 지냈지 싶은데 편리해질수록 더 바빠지는 것은 어떻게 해석해야 할까. 인터넷을 몰랐던 세상이 훨씬 사람답게 살았다는 생각은 나만의 착각일까.

* '맛배기'는 '맛보기'의 사투리임.

박정희 수필집

사나브로 꽃은 피고

인쇄 2022년 10월 12일
발행 2022년 10월 19일

지은이 박정희
발행인 서정환
펴낸곳 수필과비평사
주소 서울시 종로구 삼일대로 32길 36(익선동 30-6 운현신화타워 빌딩) 305호
전화 (02) 3675-3885 (063) 275-4000 · 0484
팩스 (063) 274-3131
이메일 essay321@hanmail.net
출판등록 제300-2013-133호
인쇄·제본 신아출판사

ISBN 979-11-5933-415-3 (03810)
값 13,000 원

Printed in KOREA

* 이 책은 2022년 부산광역시 BUSAN METROPOLITAN CITY 부산문화재단 BUSAN CULTURAL FOUNDATION 〈부산문화예술지원사업〉으로 지원을 받았습니다.